新版 サクサクわかる！

M&A の 税 務

公認会計士・税理士
佐藤信祐
著

清文社

改訂版刊行にあたって

　本書の初版は、令和2年6月に、M&Aに関する税務について、「司法試験や会計士試験の勉強をしたことがない法学部の3年生が理解できる水準」で解説することを目的に出版しました。

　その後、令和3年度税制改正において、株式交付における株式譲渡損益の繰延べが導入されるとともに、令和4年度からグループ通算制度が導入されました。さらに、令和5年10月1日からは源泉所得税に係る取扱いも改正されました。そのほか、令和3年度から令和6年度までにM&Aに関する税制に影響を与える税制改正が行われているため、改訂版では、これらの税制改正を反映しています。

　本書は、令和6年4月1日時点で公表されている本法、施行令および施行規則をもとに解釈できる範囲内での私見により編集しました。

　最後になりましたが、本書を企画時から刊行まで担当してくださった清文社の杉山七恵氏に感謝を申し上げます。

令和6年4月

公認会計士　佐藤　信祐

はじめに

　かつては珍しかったM&Aも一般化され、多くの企業が積極的に行うようになりました。そして、難しいと言われていたM&Aの税務についても、今では実務が積み重ねられるとともに体系化されたため、それほど難易度の高い業務ではなくなりつつあります。たとえば、平成13年に組織再編税制が導入された頃は、税制適格要件の判定が最も重要であるかのような誤解もありましたが、現在では、株主における配当課税または株式譲渡損益課税の検討のほうが重要であるという認識が広まっています。

　M&Aの税務では、M&A時点およびM&A後の税流出を租税法が認める範囲内でどのように最小化していくのかという点が重要になります。そのため、租税法の知識も必要ですが、それ以上に、数値分析をどのように行っていくのかという点が肝要です。本書では、単にM&Aの税務について法令・制度の概要を説明することは目的とせず、M&Aのストラクチャー選択において、税務上、どのような点を検討すべきかについてまとめています。

　本書の出版に先立ち、「税理士試験の簿記または財務諸表論に合格し、法人税法の受験勉強をこれからやろうと思っている受験生が理解できる水準」を想定した、『サクサクわかる！ 超入門 中小企業再編の税務』『サクサクわかる！ 超入門 合併の税務』を出版しました。本書は、これらのシリーズ的位置づけとして、「司法試験や会計士試験の勉強をしたことがない法学部の3年生が理解できる水準」でM&A税務を分かりやすく解説したものです。ただし、実務上、組織再編税制とは異なり、M&A税務の論点は限られていることから、本書は、基礎知識にとどまらず、国内完結型のM&A税務を概ね網羅した内容としています。そのため、公認会計士、税理士等の税務専門家以外にも、企業経営者、金融機関、弁護士、一般企業内のM&A担当者の方々にも参考にしていただける一冊です。

　なお、本書は、令和2年4月1日時点で公表されている本法、施行令および施行規則をもとに解釈できる範囲内での私見により編集しました。

　最後になりましたが、本書を企画時から刊行まで担当してくださった清文社の杉山七恵氏に感謝を申し上げます。

　令和2年4月

公認会計士　佐藤　信祐

CONTENTS

第**2**章 | 実務での利用方法

【凡　例】

法人税法	法法
法人税法施行令	法令
法人税法施行規則	法規
法人税基本通達	法基通
所得税法	所法
所得税法施行令	所令
消費税法	消法
消費税法施行令	消令
消費税法基本通達	消基通
印紙税法	印法
登録免許税法	登免法
租税特別措置法	措法
租税特別措置法施行令	措令
国税通則法	国通法
国税徴収法	国徴法
国税徴収法施行令	国徴令
地方税法	地法
地方税法施行令	地令
地方税法施行規則	地規
印紙税法基本通達	印基通
商業登記法	商登法

●本書の記述は、令和6年4月1日現在の法令等に依ります。

<h1 style="text-align:center">登　場　人　物</h1>

サトウ先生

組織再編を専門とする公認会計士・税理士。
コウジ、ユウタ、マヤがアルバイトする事務所を経営し、日々、企業の組織再編に関する業務を行っている。あまり後輩にアドバイスをしない性格だが、3人が議論をしながら、何とか答えを出そうとしている様子を見守っている。

コウジ

在学中に司法試験に合格した大学生。
言葉の響きからM&Aに興味を持ち、将来は大手法律事務所でM&Aを専門とする仕事をしたいと思っている。言葉の響きで人生を決めてしまうくらいには、向こう見ずな性格だが、やると決めたことは最後までやり切る熱いハートを持っているという一面もある。好きな言葉は、猪突猛進。

ユウタ

コウジと同じ大学に通う大学生。
公認会計士を目指している。趣味は、海外旅行。公認会計士試験合格後に、世界一周を計画しており、旅費を稼ぐためにサトウ先生の事務所でアルバイトをしている。コウジとは幼い時からの友人だが、コウジとは対照的にいつでも冷静。好きな言葉は、一期一会。

マヤ

税理士を目指している大学院生。
学費を稼ぐためにサトウ先生の事務所でアルバイトをしている。とても明るい性格であり、事務所では、お姉さん的なキャラクターで親しまれている。好きな言葉は、なんくるないさ。

※本書における登場人物、団体名等は、すべて架空のものであり、実在の人物、団体とは関係がありません。

第 **1** 章

M&A税務の基本

本章では、M&A税務の基本的な内容について解説します。
M&A税務というと難しく感じるかもしれませんが、実際のところ、そ
れほど論点が多いわけではありません。

M&A税務においては、組織再編税制についての理解が重要であるという誤解が
ありますが、実際のところ、みなし配当や株式譲渡損益といった基本的な事項に
対する理解が最も重要になるという点に注意しましょう。

第 **1** 節 M&Aって何だろう?

～M&A手法とプロセス～

最近、ニュースで「M&A」って言葉をよく聞くね。M&Aは会社の買収のことだよね。M&Aと組織再編成の違いがよく分からないけど、ほとんど一緒のものだと思っていいのかな?

でもさ、M&Aの本を読むと、株式譲渡とかも出てくるよ。会社法でも、法人税法でも、株式譲渡は組織再編成には含まれていないから、M&Aと組織再編成は違うものだと思うよ。でも、一体、何が違うんだろう?

言われてみると、気になるわ。大学院卒業後に会計事務所で働きたいから、就職活動をしているんだけど、「組織再編成」って言葉と同じくらい「事業承継」って言葉を見かけるわ。事業承継の本を読んでも、組織再編成の話も出てくるし、事業承継と組織再編成って何が違うんだろう?

皆さんは、M&Aは何を意味するのか知っていますか?

一般的に、M&Aとは、企業の統合および買収を意味します。

M&Aの手法には、株式譲渡方式、事業譲渡方式、会社分割方式、株式交換方式など様々な手法があります。しかし、株式譲渡や事業譲渡は組織再編成には該当しませんし、そもそも、事業承継のために組織再編成を行うこともあります。

実際には、「M&A」「事業承継」とは目的を意味し、「組織再編成」とはそのための手法を意味するものとして整理できます。そのため、「M&A」のための手法として組織再編成が用いられることもありますが、組織再編成以外の手法が用いられることもあります。もちろん、組織再編成は、M&Aの中でも重要な手法のひとつですので、きちんと理解しておく必要があります。

1 「株式」を譲渡する手法と「事業」を譲渡する手法

　M&Aとは「mergers and acquisitions」の略であり、一般的には企業の統合および買収を意味します。M&Aの手法には様々な手法がありますが、①**株式を譲渡する手法**と②**事業を譲渡する手法**の2つに大きく分けられます。

　このうち、①株式を譲渡する手法として、**株式譲渡**、**株式交換**および**株式移転**が挙げられます。そして、**第三者割当増資**により支配権を譲り渡す手法も、株式を譲渡する手法に含まれます。これに対し、②事業を譲渡する手法として、**事業譲渡**、**会社分割**および**吸収合併**が挙げられます。

　上記のうち、組織再編成による手法については、（イ）対価として**買収会社の株式**を交付する手法、（ロ）対価として**買収会社の親会社株式**を交付する手法、（ハ）対価として**金銭**を交付する手法が整備されています。具体的な手法は、本章第4節から第12節で解説しますが、実務上、被買収会社側は対価として金銭を交付する手法を望むことが多いことから、M&Aにおいては、組織再編成による手法ではなく、より簡易な手法が採用されることも少なくありません。

　そのため、本節では、株式を譲渡する手法のひとつである「株式譲渡」、事業を譲渡する手法のひとつである「事業譲渡」についてのみ解説を行います。

M&Aの手法

株式を譲渡する手法	株式譲渡(本章第4節) 株式交換(本章第8節)★ 株式移転(本章第9節)★ 第三者割当増資(本章第5節)
事業を譲渡する手法	事業譲渡(本章第6節) 会社分割(本章第7節)★ 吸収合併(本章第10節)★

★は、組織再編成による手法です。

2 株式譲渡方式

　株式譲渡とは、**被買収会社株式を買収会社に譲渡**し、対価として
金銭を取得する手法をいいます。株式譲渡を行った場合には、被買
収会社の法人格をそのまま引き継ぐことから、被買収会社のすべて
の権利義務をそのまま買収会社が取得することができます。

株式譲渡

✕ 失敗事例 ✕

　本章第4節で解説するように、株式譲渡方式は、被買収会社のすべての権利義務を
買収会社が取得することができるため、手間がかからない方法であるものの、過去の
簿外債務まで引き継がざるを得ないというデメリットもあります。

　後述するように、このような問題に対応するために、M&Aに係る最終譲渡契約書で
は、表明保証条項が記載されることが一般的です。しかし、実務上、被買収会社の株
主に十分な支払能力がないことから、被買収会社の株主に請求することもできず、最
終的に買収会社側が負担せざるを得ないことがあります。

　実際に、買収した後に、被買収会社において300百万円の損害賠償が発生したにも
かかわらず、株式の譲渡代金が100百万円であり、かつ、被買収会社の株主に十分な
資力がなかったことから、残りの200百万円を買収会社が負担せざるを得なかった失
敗事例もあるため、注意しましょう。

3 事業譲渡方式

事業譲渡とは、**被買収会社の事業を買収会社に譲渡**し、対価として金銭を取得する手法をいいます。この手法では、被買収会社の株主ではなく、被買収会社に事業譲渡代金が入金されます。

事業譲渡

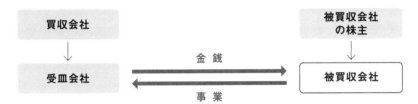

事業譲渡は、株式譲渡と異なり、被買収会社の法人格を引き継がないため、被買収会社の簿外債務などを引き継がないことができるというメリットがある反面、個々の資産および負債、契約関係を個別承継することから、事務が煩雑になりやすいというデメリットがあります。

✕ 失敗事例 ✕

事業譲渡の場合には、許認可、免許を引き継ぐことができないため、事業譲受法人において再取得をする必要があります。許認可や免許を再取得するために、1か月前後の期間を要することもあるため、事業譲渡に先立って、許認可や免許を取得しておく必要があります。そのほか、様々な契約関係を自動的に事業譲受法人に引き継ぐことができないため、契約の相手先の同意を得ておく必要があります。

実際に、許認可や免許の再取得が事業譲渡の日までに間に合わず、事業譲渡を遅らせざるを得なかった失敗事例もあるため、注意しましょう。

株式を譲渡する手法は、会社のすべてを買収する手法で、事業を譲渡する手法は、会社の事業や資産を買収する手法ということだね。
大きな企業の買収だと、事業譲渡は大変そうだし、株式譲渡を選択することも多いような気がするな。

4 M&Aのプロセス

M&Aのプロセスに決まりはありませんが、以下の流れで行われることが一般的です。

(1) 案件概要書の開示

(2) 秘密保持契約書の締結

(3) 会社概要書の開示

(4) 基本合意書の締結

(5) デューデリジェンスの実施

(6) 最終譲渡契約書の締結

このうち、税務上の検討をする場面として、以下のものが挙げられます。

① 基本合意書の締結前におけるストラクチャーの検討

② デューデリジェンスにおける過去の税務リスクの把握

③ 最終譲渡契約書における税務上の問題点の確認

上記のうち、①が最も重要であるとされているため、本書でも、M&A税務の観点から、どのようにストラクチャーを検討すべきかという点を中心に解説します。

5 案件概要書

案件概要書[*1]とは、被買収会社の**簡単な事業概要、事業規模、簡単な業績**などが**匿名**でまとめられたものをいいます。一般的に、案件概要書は1頁程度のものがほとんどです。

M&Aにおいて、買収会社が決まっていれば、案件概要書が作成されることはありませんが、仲介会社が買収候補先を探す場合には、案件概要書が作成されるケースが少なくありません。

*1 ティザー、ノンネームシートと呼ばれることもあります。

6 秘密保持契約書

秘密保持契約書[*2]とは、**相手方から開示される情報の秘密を保持**

*2 NDA、CAと呼ばれることもあります。

する誓約書のことをいいます。秘密保持契約書には、一般的に、以下の項目が含まれます。

(1) 秘密情報の範囲

　① 会社の内部情報

　② M&Aの検討および交渉の事実

　③ 秘密情報から除外する事実

(2) 情報を開示することができる相手の範囲

(3) 使用目的の制限

(4) 情報の返還および破棄

7 会社概要書

　会社概要書*3とは、買収会社がM&Aの参考にするために、被買収会社がまとめた**会社の概要を説明する資料**のことをいいます。

　会社概要書には、正式なフォーマットがあるわけではありませんが、M&Aのプレイヤーが、お互いが作成した会社概要書を参考にしながらバージョンアップをしていったという経緯から、会社概要書の項目は、いずれも似通ったものになっています。

*3 企業概要書、IM、インフォメーションパッケージと呼ばれることもあります。

会社概要書は、買収会社に対して、「会社という商品」を説明するための資料であると考えると分かりやすいと思います。すなわち、事業内容、業務内容、事業の強みなど、買収会社が興味を持ちやすいところをきちんと説明することにより、M&Aが成立しやすくなります。

また、財務の観点からは、正常収益力がどれくらいあるのか、設備投資や修繕のために必要なコストはどれくらいなのかという情報が重要になります。こういった情報がきちんと開示されることで、M&Aにおける譲渡価額も算定しやすくなるからです。

8 基本合意書

　基本合意書*4とは、M&Aの交渉が一定程度進み、**買収会社が被買収会社を買収するという意思を固めたとき**に、買収会社と被買収会社（または被買収会社の株主）との間で締結する契約書をいいます。

*4 LOIと呼ばれることもあります。

　基本合意書は、買収会社と被買収会社とがその段階までに**大筋で合意に至った内容**が記載されるため、買収会社が被買収会社を買収するという合意以外にも、以下のものが記載されることが一般的です。

（1）買収予定価格*5

（2）M&Aスキームの概要

（3）M&A後の役員および従業員の処遇

（4）被買収会社に関する一定事項の表明および保証

（5）買収会社や被買収会社による一定事項の遵守義務

（6）M&Aのスケジュール

（7）被買収会社に対するデューデリジェンスの実施

（8）買収会社の独占交渉権

*5　デューデリジェンスの結果に応じて価格が修正される可能性を含んで記載します。

マヤ　基本合意書を締結してからデューデリジェンスを行うんだね。

9　デューデリジェンス

　M&Aの前に、**被買収会社に対する調査**を行うことが一般的であり、このような調査のことを**デューデリジェンス**といいます。そして、デューデリジェンスの種類として、以下のものが挙げられます。

（1）財務デューデリジェンス

（2）税務デューデリジェンス

（3）法務デューデリジェンス

（4）労務デューデリジェンス

（5）ビジネスデューデリジェンス

（6）不動産デューデリジェンス

（7）ITデューデリジェンス

（8）知的財産デューデリジェンス

（9）環境デューデリジェンス

　これらすべてのデューデリジェンスを外部専門家に依頼すると、かなりの高コストになってしまうため、買収会社が自らデューデリジェンスを行い、必要なところに限定して外部専門家を利用することがほとんどです。

　一般的には、財務デューデリジェンス、税務デューデリジェンス、法務デューデリジェンスを外部専門家に依頼することが多いと思います。また、労務デューデリジェンスについても、調査の対象となる範囲を限定したうえで外部専門家に依頼することがあります。

監査法人のFAS（フィナンシャル・アドバイザリー・サービス）で働いている先輩に聞いたけど、財務デューデリジェンスの仕事が大変だと言っていたよ。同じタイミングで、弁護士法人が法務デューデリジェンス、税理士法人が税務デューデリジェンスをするから、その連携も大事みたいだし。
M&Aは華やかな仕事に見えるけど、かなり大変な仕事なんだね。

10 最終譲渡契約書

　最終譲渡契約書とは、**M&Aの最終的な取引条件を定めた契約書**のことをいいます。そして、株式譲渡方式では**株式譲渡契約書**が、事業譲渡方式では**事業譲渡契約書**が使用されます。

最終譲渡契約書に記載される「表明保証条項」とは、買収会社または被買収会社が相手方に対して、一定の事項が真実であり正確であることを表明し、その表明を保証する条項をいいます。
しかしながら、買収会社において、被買収会社の表明保証違反に関する認識があった場合には、表明保証違反の損害賠償が認められないという見解もあります。
そのため、買収会社がデューデリジェンスにおいて表明保証違反の状態を発見した場合には、表明保証条項のみならず、特別補償条項が別途規定されることがあります。

11 株式譲渡方式の留意点

株式譲渡方式によるM&Aを行う場合には、**少数株主の存在**が問題になることがあります。買収会社側は被買収会社株式のすべてを買い取ることを希望しますが、被買収会社株式が親族や関係者などに分散している場合には、M&Aの前に、被買収会社の主要株主に全株式の買い集めをしてもらう必要があるからです。

もし、所在不明の株主や株式譲渡に応じない株主がいる場合には、**スクイーズアウトによる手法**を検討する必要があります。この点については、本章第12節で解説します。

12 おわりに

本節では、M&Aの手法とプロセスについて解説しました。M&Aと組織再編成は混合しやすいですが、組織再編成はあくまでもM&Aの手法のひとつであり、M&Aでは組織再編成以外の手法が用いられることもあるという点に注意しましょう。

CHALLENGE!

M&Aの手続きとして、「経営改善をしてからM&Aを行う」という場合があります。正常収益力が高まると、M&Aにおける譲渡価額も高くなるからです。しかし、この手法は、オーナー企業のM&Aでは失敗することがあります。特に、20年、30年といった長い期間にわたって経営を行っていた場合には、その傾向が顕著に現れます。それはどうしてでしょうか。考えてみましょう。

第2節 どんな税金があるんだろう？
～法人税、所得税および流通税の概要～

大手法律事務所で働いている先輩から、「M&Aの仕事をしたかったら、税務の勉強をきちんとやりなさい」と言われたよ。でも、司法試験では租税法を選択しなかったから、何を勉強したらよいのか分からないよ。そもそも、どんな税金があるんだろう？

税理士試験だと、法人税、所得税、相続税、消費税を受験する人が多いわね。それ以外だと、住民税、事業税、固定資産税があるわ。とてもじゃないけど、全部の税金を理解することなんかできないよ。

でも、サトウ先生は、M&Aと組織再編成以外の税金は知らないって言っていたよ。たぶん、M&Aに関係のない税金もあるだろうから、M&Aに関係のある税金だけ覚えればいいんじゃないかな？

皆さんは、M&Aでどのような税金がかかるのか知っていますか。

法人税や所得税だけに目が行きがちですが、本章第7節で解説するように、M&Aにより資本金等の額が増加すると、住民税均等割、事業税資本割が増加する可能性があります。

さらに、不動産が移転する場合には、登録免許税、不動産取得税も発生します。そのほかにも、組織再編成による商業登記が必要になる場合には、そのための登録免許税がかかりますし、印紙税も必要になります。

このように、M&Aを実行する際には、法人税以外の税金についても、きちんと把握しておく必要があります。

本節では、法人税、所得税および流通税（消費税、印紙税、登録免許税および不動産取得税）について解説します。

1 法人税の概要

（1）繰越欠損金

法人税の計算は、事業年度ごとに行われることから、原則として、ある事業年度の利益と他の事業年度の損失とを相殺することはできません。しかし、青色申告法人では、**9年～10年間**[*1]の繰越欠損金の繰越しが認められており、ある事業年度で発生した損失を、将来の事業年度における課税所得と相殺することを認めています（法法57①)[*2]。

なお、平成27年度税制改正により、中小法人[*3]に該当しない場合には、繰越欠損金を利用しようとする事業年度の**課税所得の50%**までしか繰越欠損金を使用することができなくなりました。

被買収会社に繰越欠損金がある場合には、それを利用したいという話もありそうだね。

（2）受取配当等の益金不算入

内国法人が他の内国法人から配当金を受領した場合には、**受取配当等の益金不算入**の適用があります。ここでいう「益金不算入」とは、収益から除外して、法人税の課税所得の計算を行うという意味です。

受取配当等の益金不算入は、他の内国法人で課税済みのその他利益剰余金から分配を受けることから、二重課税を回避するための規定であるといえます。

[*1] 平成30年4月1日以後に開始する事業年度において発生した繰越欠損金の繰越期間は10年とされており、その前に発生した繰越欠損金の繰越期間は9年とされています。
[*2] 同族会社等の留保金課税の適用を受ける場合には、繰越欠損金を使用する前の所得を基礎に留保所得の計算を行うこととされています（法法67③六）。
[*3] 中小法人とは、資本金の額または出資金の額が100百万円以下であるもの（大法人の子会社等を除く）をいいます。

　しかし、100％子会社からの配当であればともかくとして、それ以外の場合には、受取配当金に対応する負債利子が発生していることや、株式譲渡益と区別して課税関係を成立させる必要がないものもあることから、**完全子法人株式等***4、**関連法人株式等***5、その他の株式等、非支配目的株式等に分けて計算を行います。具体的な受取配当等の益金不算入の計算は以下のとおりです*6。

【完全子法人株式等】

　受取配当金の金額の総額が益金不算入額となります。

【関連法人株式等】

　受取配当金の金額 − 控除負債利子 ＝ 益金不算入額

　控除負債利子 ＝ 以下のいずれか少ない金額

　　　　　　　　イ．関連法人株式等に係る受取配当金の金額の100分の4に相当する金額

　　　　　　　　ロ．適用事業年度に係る支払利子等の額の合計額の100分の10に相当する金額

【それ以外の株式等】

　受取配当金の金額 × 50％ ＝ 益金不算入額

【非支配目的株式等】

　受取配当金の金額 × 20％ ＝ 益金不算入額

　このように、受取配当金に対しては、受取配当等の益金不算入が適用されることから、他の利益に比べて、税負担を圧縮することができます。

　　被買収会社の株主が内国法人の場合には、受取配当等の益金不算入が論点になりそうね。

*4　完全子法人株式等とは、配当等の額の計算期間を通じて、内国法人との間に完全支配関係がある他の内国法人の株式または出資をいいます(法法23⑤、法令22の2)。

*5　関連法人株式等とは、配当等の額の計算期間を通じて、内国法人が他の内国法人の発行済株式または出資の総数または総額の3分の1を超える数または金額の株式または出資を引き続き有している場合における当該株式または出資をいいます(法法23④、法令22)。ただし、発行済株式または出資の総数または総額の3分の1を超える数または金額の株式または出資を取得してから、6か月が経過した段階で、関連法人株式等に該当するという規定になっています。なお、令和2年度税制改正により、令和4年4月1日以後に開始する事業年度からは、完全支配関係がある他の法人が保有する株式または出資を含めて判定することになったため、注意しましょう。

*6　ただし、被買収会社の株主が同族会社等の留保金課税の適用を受ける場合には、受取配当等の益金不算入を適用する前の所得を基礎に留保所得の計算を行うこととされています(法法67③二)。そのため、受取配当金に対して留保金課税の対象になる場合もあるため、注意しましょう。

> ## ✕ 失敗事例 ✕
>
> 所得税法上、受取配当金に対して源泉所得税が課されます。源泉所得税は、税金の前払い的な性格のものなので、法人税法上、所得税額控除の適用が認められており、原則として、確定申告で支払うべき法人税額から控除することが認められています。
>
> しかし、配当計算期間のうち株式または出資を保有していない期間がある場合、たとえば、他の株主から株式を取得してから1年以内に配当を行った場合には、所得税額控除の一部が認められないことがあります。
>
> この点については、M&Aにおける典型的な失敗事例として紹介されることがありましたが、令和5年10月1日以降は、下記に掲げるものについては、源泉所得税の徴収が不要とされたため（所法177、所令301）、本書校了段階では、このような失敗事例が生じることは、それほど多くはないと思われます（ただし、一般社団法人、一般財団法人、人格のない社団等及び公益法人等については、この特例は適用されません）。
>
> ① 完全子法人株式等に該当する株式または出資に係る配当等の額
>
> ② 配当等の支払に係る基準日において、当該内国法人が直接に保有する他の内国法人の株式または出資の発行済株式または出資の総数または総額に占める割合が3分の1を超える場合における当該他の内国法人の株式または出資に係る配当等の額

2 所得税の概要

実務上、被買収会社の株主が、法人ではなく、個人である場合もあります。この場合には、法人税ではなく、所得税の検討をする必要があります。

なお、現在における最高税率は55%（所得税45%、住民税10%）ですが、当面の間は、所得税に対して2.1%分の金額が復興特別所得税として課税されるため、上記の最高税率は**55.945%**になります。

(1) 配当所得

居住者が内国法人から配当を受け取った場合には、**配当所得**として課税されます（所法24①）。また、通常の利益配当のほか、M&Aにより生じた**みなし配当**も、配当所得に含まれます（所法25①）。下記のように、M&Aにより多額の配当所得が生じた場合には、配当所得に対する実効税率は**49.44%**となります。

◆　配当所得の計算

　配当所得は、給与所得、事業所得、不動産所得等と合算して、**総合課税（累進課税）** の適用を受けます。そのため、多額の配当所得が発生した場合には、配当所得のほとんどに対して、最高税率である55％（所得税45％、住民税10％）の課税が発生します。

◆　配当控除

　配当所得が発生した場合には、発行法人ですでに課税された後のその他利益剰余金を原資として支払われたものであることから、二重課税を排除するため、**配当控除** の適用が認められています（所法92）。

　しかしながら、配当控除の計算は、それぞれの課税所得、配当所得の金額によって異なりますが、一時に多額の配当所得が生じる場合には、配当所得の6.4％（所得税5％、住民税1.4％）しか税額控除を受けられないことがほとんどです。

◆　配当所得に対する実効税率

　このように、配当所得に対する実効税率のほとんどが48.6％（所得税40％、住民税8.6％）になります。そして、当面の間は、所得税に対して2.1％分の金額が復興特別所得税として課税されるため、上記の実効税率は**49.44％** となります。

（2）譲渡所得

　株式譲渡方式を採用した場合において、株式譲渡益が発生したときは、**譲渡所得** として課税されます。譲渡所得については、**分離課税（固定税率）** の適用を受け、その場合の税率は20％（所得税15％、住民税5％）となります（措法37の10①、地法附則35の2①⑤）。そして、当面の間は、所得税に対して2.1％分の金額が復興特別所得税として課税されるため、上記の税率は**20.315％** になります*7*8。

　これに対し、株式譲渡損が発生した場合には、株式譲渡損がなかったものとみなされるため、給与所得等の他の課税所得と相殺することはできません（措法37の10①、地法附則35の2①⑤）。

*7　「土地譲渡類似株式等の譲渡を行った場合」には、39％（所得税30％、住民税9％）の税率になります（措法32①②）。そして、当面の間は、所得税に対して2.1％分の金額が復興特別所得税として課税されるため、上記の税率は39.63％となります。

*8　令和7年以降の所得税については、その年分の基準所得金額から330百万円を控除した金額に22.5％の税率を乗じた金額がその年分の基準所得税額を超える場合には、その超える金額に相当する所得税が課されます（措法41の19）。

配当所得も譲渡所得も、法人税と全然違うじゃないか！

（3）退職所得

居住者が退職を基因として退職金を受け取った場合には、**退職所得**として取り扱われます。

退職所得に係る課税は、他の所得と分離して**累進課税**の対象になります。この場合における課税所得の計算は以下のとおりです。

＊9　平成24年度税制改正により、勤続年数が5年以内の役員等については、課税所得に2分の1を乗じる特例の適用を受けることができなくなったため、注意しましょう。

【退職所得の金額】（所法30）

退職所得の金額＝（退職金の金額－退職所得控除※）×１／２

※退職所得控除

⇒勤続年数が20年以下の場合：勤続年数×400千円（最低800千円）

　勤続年数が20年超の場合：8,000千円＋（勤続年数－20年）×700千円

また、上記により計算された退職所得に係る税率は、累進課税であることから所得水準によって異なりますが、その最高税率は55％（所得税45％、住民税10％）です。そして、当面の間は、所得税に対して2.1％分の金額が復興特別所得税として課税されるため、上記の税率は55.945％になります

ただし、退職所得の金額は、退職金の金額から退職所得控除を控除した金額に2分の1[*9]を乗じた金額として計算されることから、退職金に係る最高実効税率は**約27％**（＝55.945％×１／２）になります。

3 流通税の種類

組織再編成を行うと、法人税、所得税、住民税均等割、相続税などに影響を与えることがありますが、本節では、資産の移転に対して課税される流通税について解説します。流通税には、以下のものが挙げられます。

- ・ 消費税
- ・ 関税
- ・ 印紙税
- ・ 登録免許税
- ・ 不動産取得税
- ・ 自動車取得税

　このうち、関税や自動車取得税が問題になることはそれほど多くないため、本節では、消費税、印紙税、登録免許税および不動産取得税についてのみ解説します。

(1) 消費税[*10]

① 事業譲渡による資産の移転

　消費税の課税対象になります。そのため、課税資産を譲渡した場合には課税売上となり、非課税資産を譲渡した場合には非課税売上になります。非課税資産には、土地、有価証券などが含まれます。

② 合併または会社分割による資産の移転

　包括承継であることから、**消費税が課されません。**

③ 株式譲渡

　非課税取引として取り扱われます（消法別表第2二）。株式譲渡を行うと、被買収会社の株主における**課税売上割合**[*11]が減少しますが、株式の譲渡対価については、その全額ではなく、**5%部分のみを課税売上割合の計算に算入します**（消令48⑤）[*12]。

(2) 印紙税

　組織再編成における各種契約書に係る印紙税は以下のとおりです（印法別表第1）[*13]。なお、株式譲渡契約書については、原則として、**印紙税は不要**とされています[*14]。

*10 それ以外にも、免税事業者になれるか否か、簡易課税事業者になれるか否かが論点となります。吸収分割の場合に問題になることがあるので、本章第7節で解説します。

*11 総売上に占める課税売上の割合をいいます。そのため、課税売上が大きくなれば課税売上割合が大きくなり、非課税売上が大きくなれば、課税売上割合が小さくなります。

*12 持分会社の出資持分を譲渡する場合には、その全額を課税売上割合の計算に算入する必要があります。

*13 印紙税法における第1号文書では、不動産等の譲渡に係る契約書が定められていますが、合併、分割により移転する資産にこれらの資産が含まれている場合であっても、合併契約書、分割契約書および分割計画書は第1号文書には該当せず、第5号文書として取り扱われます（印基通別表第1第5号文書3）。また、事業譲渡において不動産等を移転するほか、債権譲渡や債務の引受けも行う契約書を作成するときは、第1号文書と第15号文書の2つに該当することになりますが、第1号文書として取り扱われます（印法別表第1③イ）。

*14 一定の場合には、印紙税が課されることもありますが、本書では詳細な解説は省略します。

組織再編成	契約書の名称	分 類	印紙税の額
合 併	合併契約書	第5号文書	40千円／1通
吸収分割	分割契約書	第5号文書	40千円／1通
新設分割	分割計画書	第5号文書	40千円／1通
事業譲渡	事業譲渡契約書	第1号文書	200円～600千円／1通
株式交換	株式交換契約書	－	非課税
株式移転	株式移転計画書	－	非課税

　なお、通常の会社の設立では、会社の設立に際して作成される原始定款で、公証人が保存するものについては、40千円の印紙税が課されます（印法別表第1六）。これに対し、新設合併、新設分割または株式移転による設立の際に作成される定款には、公証人の認証は不要であることから、印紙税は課されません。

　そのほか、株券の発行による印紙税も課されますが、株券を発行することが稀であるため、本書では解説を省略します。

マヤ　株式譲渡契約書に印紙税が不要だというのは意外だわ。

（3）登録免許税

① 商業登記

　たとえば、吸収合併の場合には、被合併法人が解散することから、**解散の登記**が必要となり（会社法921、922、商登法79）、本店所在地において30千円の登録免許税の支払が必要になります（登免法別表第1二十四（一）レ）。

　さらに、株式会社または合同会社である合併法人において**増加した資本金の額に対する登記**が必要となり、本店所在地において、増加資本金の額の1,000分の7（30千円に満たないときは30千円）の登録免許税が発生します。ただし、被合併法人の資本金の額に相当する部分の金額に対しては、税率が1,000分の1.5まで軽減されています（登免法別表第1二十四（一）ホ、へ）。

このように、登記が必要なものに対しては登録免許税が発生するため、どのような登記が必要になるのか、事前に司法書士と確認しておく必要があります。

② 不動産登記

不動産の所有権が移転する場合には、所有権移転登記に伴う登録免許税が発生します。この場合の登録免許税は、**固定資産税評価額の1,000分の20**です（登免法別表1－（二）ハ）。これは、事業譲渡や会社分割により不動産の所有権を取得した場合であっても同様です。

ただし、令和8年3月31日までに行われる土地に係る所有権移転登記のうち、売買に基因するものについては、**固定資産税評価額の1,000分の15**まで軽減されています（措法72①）。さらに、合併による所有権の移転に対しては、**固定資産税評価額の1,000分の4**まで軽減されています（登免法別表1－（二）イ）。

所有権移転登記以外の登記が必要になる場合にも、それぞれ登録免許税の負担が発生します。

このように、登記が必要なものに対しては登録免許税が発生するため、どのような登記が必要になるのか、事前に司法書士と確認しておく必要があります。

ユウタ　さすがに、公認会計士試験では、登記をきちんと勉強しなかったから、どんな登記が必要なのかは、司法書士に聞かないと分からないよね。

（4）不動産取得税

組織再編成により不動産を取得した場合にも、原則として、不動産取得税が課されます。ただし、**合併**[15] および**以下の要件を満たす会社分割**に対しては、不動産取得税が非課税とされています（地法73の7二、地令37の14）。

① 金銭等不交付要件

② 主要資産等引継要件

*15　合併による不動産の移転に対しては、特段の要件がないため、すべての合併に対して不動産取得税は課されません。

③　従業者従事要件

④　事業継続要件

⑤　按分型要件（分割型分割の場合のみ）

　上記の要件は、法人税法における税制適格要件（本章第3節参照）に似ていますが、**支配関係が要求されていない**ことから、非適格分割に該当する場合であっても、上記の要件を満たすことができるケースがあります。

サトウ
先生

不動産賃貸業を会社分割の対象にする場合には、従業者が存在しないことが多いことから、従業者従事要件を満たすことができるかどうかが問題になります。この点については、従業者従事要件は従業者が存在する場合にのみ要求される要件であり、従業者が存在しない場合には要求されないという解釈が示されるようになりました*16。
そのため、現行法上、地方税法（不動産取得税）における従業者従事要件の判定では、従業者が存在しない不動産賃貸業であっても、従業者従事要件に抵触しないという見解が一般的になっています。

＊16　角田晃「都道府県税関係 会社分割における従業者要件の判定：不動産取得税の課税・非課税をめぐって（ここが知りたい最新 税務Q&A）」税68巻2号71頁（平成25年）。

4　おわりに

　本節では、法人税、所得税および流通税の概要について解説しました。法人税や所得税以外にも、たくさんの税金があることが理解できたと思います。

　特に不動産が多額になる場合には、登録免許税および不動産取得税も多額になってしまうため、実務では、これらの税金についての検討もそれぞれ必要になります。

CHALLENGE!

実務上、法人税の観点からは事業譲渡方式または会社分割方式のほうが有利であるにもかかわらず、登録免許税および不動産取得税の観点から株式譲渡方式を選ばざるを得ない場合があります。

それはどのような場合でしょうか。考えてみましょう。

第 **3** 節　税制適格要件って何だろう？
～組織再編税制の概要～

サトウ先生から、「組織再編税制では、税制適格要件と繰越欠損金がポイントだから、きちんと勉強しておきなさい」と言われたよ。
でも、税制適格要件って、何のことなのかな？

税制適格要件は、資産および負債が簿価で移転するのか、時価で移転するのかという要件だと思うよ。
この前は、買収会社がのれん（資産調整勘定）を認識したいという相談だったし、非適格にしたいケースも多いと思うけど。

でも、繰越欠損金を引き継ぐためには、適格合併の要件を満たさないといけないよね。たしか、税制適格要件には、グループ内の組織再編成と共同事業を行うための組織再編成があったけど、M&Aにおいて税制適格要件を満たすことなんかあるんだろうか？

皆さんは、税制適格要件をどのように判定するのか知っていますか？
適格組織再編成に該当した場合には、資産および負債を簿価で移転し、非適格組織再編成に該当した場合には、資産および負債を時価で移転することになるため、税制適格要件の判定は、組織再編税制において、最初に行うべきことといえます。
さらに、コウジの言うように、繰越欠損金の引継ぎの問題もあります。適格合併を行った場合には、被合併法人の繰越欠損金を合併法人に引き継ぐことができるからです。
ユウタの指摘は面白い論点です。税制適格要件を満たすと有利だという誤解もありますが、M&Aの実務では、税制適格要件を満たさないほうが有利な場合も少なくありません。

1 組織再編税制の概要

(1) 合併、会社分割、現物出資および事業譲渡

組織再編税制の導入により、合併、会社分割および現物出資が、**適格組織再編成**と**非適格組織再編成**とに分けて整理されました。具体的には、適格組織再編成に該当した場合には、法人税法上、**譲渡損益を発生させずに**、資産および負債を**簿価**で移転します（法法62の2①、62の2②、62の3①、62の4①）。これに対し、非適格組織再編成に該当した場合には、**譲渡損益を発生させたうえで**、資産および負債を**時価**で移転します（法法62①）*1。

なお、事業譲渡は組織再編税制の対象外となっていますが、後述するように、適格組織再編成に該当するためには、金銭等不交付要件が課されているのに対し、事業譲渡においては、対価として金銭等を交付することが一般的なので、法人税法上、非適格組織再編成と同様の取扱いとなっています。そのため、法人税法上、**譲渡損益を発生させたうえで**、資産および負債を**時価**で移転します。

*1 　適格組織再編成に該当した場合に簿価で資産および負債を移転することができる任意規定であるとの誤解がありますが、適格組織再編成に該当した場合には簿価で資産および負債を移転しなければならないという強制規定であるという点に注意しましょう。

組織再編税制

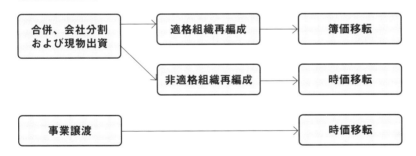

(2) 現物分配

現物分配（現物配当）を行った場合には、現物分配法人の保有する資産について、**譲渡損益を発生させたうえで**、被現物分配法人に**時価**で移転する必要があります（法法62の5①②）。

これに対し、平成22年度税制改正により、適格現物分配の制度が導入され、適格現物分配に該当した場合には、**譲渡損益を発生させ**

ずに、現物分配法人の保有する資産を被現物分配法人に**簿価**で移転することになりました（法法62の5③④）。

*2 「株式交換等」とは、株式交換およびスクイーズアウトのことをいいます。

現物分配税制

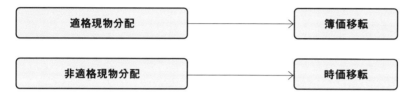

（3）株式交換、株式移転およびスクイーズアウト

　平成18年度税制改正により、**非適格株式交換または非適格株式移転**（完全支配関係のある他の内国法人との間で行われる株式交換または株式移転を除く）を行った場合には、法人税法上、**完全子法人の保有する資産の含み損益を損金の額または益金の額に算入させる**ことになりました（法法62の9①）。

　さらに、平成29年度税制改正により、**スクイーズアウト**についても、株式交換と同様に、組織再編税制の一環として位置づけられました。その結果、支配関係内の株式交換と同様の税制適格要件を満たさない場合には、法人税法上、完全子法人の保有する資産の含み損益を損金の額または益金の額に算入させる必要があります。

　このうち、スクイーズアウトの制度については、本章第12節で解説します。

株式交換等*2・移転税制

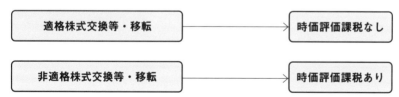

2　税制適格要件

(1) 通常の取扱い

　合併における税制適格要件は、**①グループ内の適格合併**、**②共同事業を行うための適格合併**の2つに大きく分けられます。

　また、①グループ内の適格合併は、**(ⅰ) 完全支配関係内の適格合併**（100％グループ内の適格合併）と**(ⅱ) 支配関係内の適格合併**（50％超100％未満グループ内の適格合併）に分けられます。その具体的な内容は以下のとおりです（法法2十二の八）。

税制適格要件

グループ内		共同事業
完全支配関係	**支配関係**	
(イ)金銭等不交付要件	(イ)金銭等不交付要件 (ロ)従業者従事要件 (ハ)事業継続要件	(イ)金銭等不交付要件 (ロ)従業者従事要件 (ハ)事業継続要件 (ニ)事業関連性要件 (ホ)事業規模要件または 　　特定役員引継要件 (ヘ)株式継続保有要件

　会社分割、現物出資、株式交換および株式移転についても類似の判定を行いますが、それぞれの組織再編成の態様が異なることから、細かな部分では、税制適格要件の内容が異なります（法法2十二の十一、十二の十四、十二の十七、十二の十八）。

　さらに、現物分配については、事業の移転を前提としていないため、完全支配関係内の適格現物分配のみが規定されています（法法2十二の十五）。

(2) 支配関係および完全支配関係の判定

法人税法上、支配関係および完全支配関係の定義について、以下のように定められています*3*4。

◆ 支配関係

発行済株式または出資（自己の株式または出資を除く）の総数または総額の**100分の50を超える数または金額**の株式または出資を直接または間接に有する関係（法法２十二の七の五、法令４の２①）

◆ 完全支配関係

発行済株式または出資（自己株式または出資を除く）の**全部**を直接または間接に有する関係*5（法法２十二の七の六、法令４の２②）

そして、支配関係に該当するのか、完全支配関係に該当するのかは、組織再編成の直前とその後の継続見込みで判定するものがほとんどです（法令４の３）。

完全支配関係、支配関係の判定

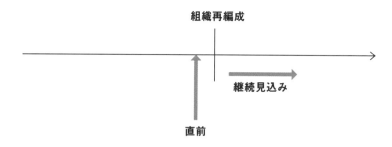

M&A案件においては、以下の３つのストラクチャーについての取扱いが頻出しますので、覚えておきましょう。

① 分社型分割後に分割承継法人株式を外部に譲渡する場合

支配関係および完全支配関係が継続することが見込まれていないため、**非適格分社型分割**に該当します（本章第7節参照）。

*3 支配関係および完全支配関係の判定は、株主等が個人である場合には、当該個人が保有する株式または出資のほか、「特殊の関係のある個人」が保有する株式または出資を合算して判定します（法令４の２、４①）。具体的に、「特殊の関係のある個人」とは、以下のものが挙げられます。
（イ）株主等の親族（6親等内の血族、配偶者、3親等内の姻族（民法725））
（ロ）株主等と婚姻の届出をしていないが事実上婚姻関係と同様の事情にある者
（ハ）株主等の使用人
（ニ）（イ）～（ハ）に掲げる者以外の者で株主等から受ける金銭その他の資産によって生計を維持しているもの
（ホ）（ロ）～（ニ）に掲げる者と生計を一にするこれらの者の親族
*4 支配関係および完全支配関係は、直接保有割合だけでなく、間接保有割合を含めて判定するため、親会社と孫会社の合併のような場合でも、グループ内の合併に該当します。しかしながら、一般社団法人については持分のない法人であることから、一般社団法人が保有している株式または出資は含めずに、グループ内の組織再編成かどうかの判定を行います。
*5 厳密には、従業員持株会が保有する株式と新株予約権の行使により役員または使用人が保有することとなった株式との合計額が発行済株式総数の5％未満のものがあっても、残りの株式のすべてが保有されていれば、完全支配関係が成立します。しかし、このような株式は換金性が低いことから、実際に、このようなケースに該当することはほとんどありません。

分社型分割後の株式譲渡

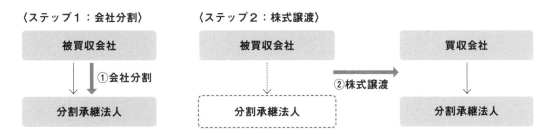

〈ステップ1：会社分割〉　　〈ステップ2：株式譲渡〉

② **分割型分割後に分割法人株式を外部に譲渡する場合**

　平成29年度税制改正により、**分割承継法人に対する支配関係また
は完全支配関係**が継続することのみが要求され、**分割法人に対する
支配関係または完全支配関係**が継続することまでは要求されなく
なったため、分割法人株式を譲渡することが見込まれていたとして
も、**適格分割型分割**に該当することがあり得ます（第2章第5節参照）。

分割型分割後の株式譲渡

③ **買収会社が被買収会社の発行済株式の全部を取得した後に、買
収会社を合併法人とし、被買収会社を被合併法人とする吸収合併
を行う場合**

　吸収合併の直前に完全支配関係が成立しているので、**完全支配関
係内の適格合併**に該当します（第2章第7節参照）。このように、買収
後の事業統合を行う場合には、適格合併に該当しやすいということ
がいえます。

〈ステップ 1：株式譲渡〉

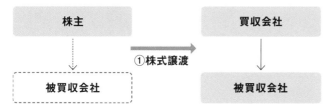

〈ステップ 2：吸収合併〉

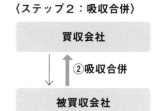

(3) スピンオフ税制

　平成29年度税制改正によりスピンオフ税制が導入され、他の者による支配関係がない場合における、①単独新設分割型分割、②100％子会社株式を対象とした現物分配について、税制適格要件が認められました。

　しかしながら、スピンオフ税制は、上場会社がノンコア事業を切り離す場合にのみ適用される手法だといわれています。そのため、スピンオフ税制の制度があること自体は理解しておく必要がありますが、実際には、**利用されることは稀**であると思われます。

3 繰越欠損金と特定資産譲渡等損失額

(1) 繰越欠損金の引継ぎ

　適格合併を行った場合には、**被合併法人の保有する繰越欠損金を合併法人に引き継ぐ**ことができますが（法法57②）、非適格合併を行った場合には引き継ぐことができません。

　これは、適格組織再編成に該当した場合には、資産および負債だけでなく、その計算要素も引き継ぐ必要があるからです[6]。ただし、適格合併以外の組織再編成においては、移転する事業に係る繰越欠損金の合理的な区分計算が不可能であることから、繰越欠損金の引継ぎは認められていません[7]。

*6　朝長英樹『企業組織再編成に係る税制についての講演録集』34頁（日本租税研究協会、平成13年）。
*7　朝長前掲（注6）34頁。

繰越欠損金の引継ぎ

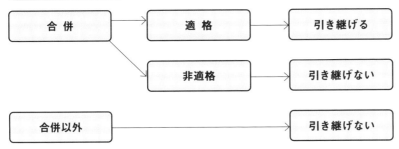

(2) 繰越欠損金の引継制限

　前述のように、適格合併を行った場合には被合併法人の繰越欠損金を引き継ぐことが認められていますが、繰越欠損金の不当な利用を防止するために、**支配関係が生じてから5年を経過していない法人**と適格合併を行った場合には、繰越欠損金の引継制限が課されています（法法57③）。しかしながら、支配関係が生じてから5年を経過していない場合であっても、租税回避目的ではないと考えられるケースも存在するため、**一定の要件を満たせば**、繰越欠損金の引継制限は課されません。

　M&Aを行った後に事業統合を行う場合には、支配関係が生じてから5年を経過していないことが多いため、「一定の要件」についての検討を行う必要があります。詳細については、第2章第7節で解説します。

繰越欠損金の引継制限

(3) 繰越欠損金の使用制限

　前述のように、適格合併を行った場合には、被合併法人の繰越欠損金を引き継ぐことができますが、一定の引継制限が課されています。

　そして、一方の法人から引き継いだ資産の含み益と他方の法人が保有していた繰越欠損金とを相殺するという租税回避を防ぐために、**適格組織再編成**[*8]により資産および負債を引き継いだ**合併法人、分割承継法人、被現物出資法人または被現物分配法人が保有していた繰越欠損金**に対しても、繰越欠損金の使用制限が課されています。

　繰越欠損金の使用制限は、適格合併だけでなく、適格分割、適格現物出資または適格現物分配を行った場合にも課されるという点に注意しましょう。

*8　厳密には、完全支配関係のある法人との間で非適格合併を行った場合についても、繰越欠損金の使用制限が課されています。

マヤ：適格合併に該当したことで、合併法人の繰越欠損金も制限されるんじゃあ、適格合併のほうが不利な場合もあるかもしれないね。

（4）特定資産譲渡等損失額の損金不算入

　前述のように、適格組織再編成を行った場合には、資産および負債を簿価で認識します。そのため、一方の法人が保有する資産の含み益と他方の法人が保有する資産の含み損を不当に相殺するようなことが考えられます。

　そのため、**支配関係が生じてから5年を経過しない法人**との間で適格組織再編成[*9]を行った場合において、一定の要件を満たさないときは、以下の資産の**譲渡、評価換え、貸倒れ、除却その他これらに類する事由**により生じた損失を**損金の額に算入しないという制度（特定資産譲渡等損失額の損金不算入）**が設けられています。

*9　厳密には、完全支配関係のある法人との間で非適格合併を行った場合についても、特定資産譲渡等損失額の損金不算入が課されています。

- ・　被合併法人、分割法人、現物出資法人または現物分配法人から引き継いだ資産（**特定引継資産**）
- ・　適格組織再編成前から合併法人、分割承継法人、被現物出資法人または被現物分配法人が保有していた資産（**特定保有資産**）

コウジ：クライアントも、繰越欠損金は気をつけてくれるけど、特定資産までは気をつけてくれないかもしれないから、こちらでチェックをしないといけないね。

✕ 失敗事例 ✕

　繰越欠損金の使用制限、特定資産譲渡等損失額の損金不算入は、適格組織再編成を行った場合にのみ適用され、非適格組織再編成を行った場合には適用されません。そのため、分割対価として金銭を交付する分社型分割を行った場合には、金銭等不交付要件に抵触し、非適格分社型分割に該当することから、これらの制限は課されません。

現金交付型分割

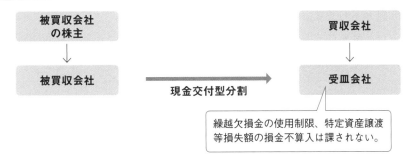

　これに対し、①分割承継法人株式を交付する分社型分割により分割承継法人に事業を移転させたうえで、②分割承継法人株式を買収会社に譲渡し、③買収会社が分割承継法人株式の全部を取得した後に、買収会社を合併法人とし、分割承継法人を被合併法人とする吸収合併を行うことも考えられます。このような場合には、合併の直前において、合併法人が被合併法人の発行済株式の全部を保有しているため、適格合併に該当します。

非適格分社型分割後の適格合併

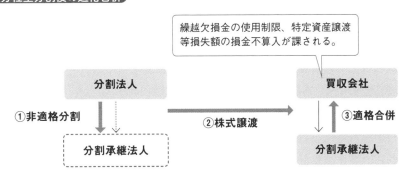

　このような適格合併は、合併法人(買収会社)と被合併法人(分割承継法人)との間の支配関係が生じてから5年を経過していないことから、みなし共同事業要件を満た

さない場合には、繰越欠損金の引継制限、使用制限、特定資産譲渡等損失額の損金不算入が課されてしまいます。

　もっとも、被合併法人が新設法人であり、繰越欠損金が存在しないことから、繰越欠損金の引継制限は問題になりません。そして、非適格分社型分割により資産を取得した結果、含み損のある資産が存在しないことから、特定引継資産譲渡等損失額の損金不算入も問題になりません。

　これに対し、合併法人（買収会社）に多額の繰越欠損金や含み損資産がある場合には、繰越欠損金の使用制限、特定保有資産譲渡等損失額の損金不算入が課されてしまうという問題があります。

　このように、被買収会社の繰越欠損金や含み損資産だけでなく、買収会社の繰越欠損金や含み損資産も制限の対象になってしまうという点に注意しましょう。

4　資産調整勘定と負債調整勘定

　非適格組織再編成、事業譲受を行った場合における営業権、各種引当金に対して、平成18年度税制改正により、資産調整勘定および負債調整勘定が導入されました。具体的には、以下のものが規定されています。

　イ．資産調整勘定
　ロ．差額負債調整勘定
　ハ．退職給与負債調整勘定
　ニ．短期重要負債調整勘定

　このうち、**資産調整勘定、差額負債調整勘定**は、会計における**のれん、負ののれん***10に対応するものであると考えられます。

　そして、法人税法上、資産調整勘定、差額負債調整勘定は、会計上の損金経理に関係なく、**5年間の均等償却**（法法62の8④〜⑧）が必要になります。

　なお、適格組織再編成を行った場合には、資産および負債を簿価で認識するため、資産調整勘定を認識することができません。したがって、上記の取扱いは、**非適格組織再編成**の特徴であるといえます。

*10　買収や合併の対価として交付した資産の時価のうち、被買収会社や被合併法人の時価純資産価額を超える部分の金額を「のれん」といい、下回る部分の金額を「負ののれん」といいます。

 資産調整勘定を認識したい場合には、非適格組織再編成のほうが有利なんだね。

5 株主課税

(1) 合併、分割型分割における課税関係

　合併または分割型分割を行った場合には、被合併法人または分割法人の株主等に対しても課税関係を生じさせる必要があります。

　具体的には、非適格合併または非適格分割型分割を行った場合には、被合併法人または分割法人の株主等において、原則として、**みなし配当および株式譲渡損益が発生します**（法法24①、61の2①、所法25①、措法37の10③）。ただし、金銭等の交付がない場合には、**みなし配当のみを認識し、株式譲渡損益を認識する必要はありません**。具体的には、以下の仕訳のとおりです。

【被合併法人の株主等】
　イ．金銭等の交付がない場合

（合併対価資産）	×××	（被合併法人株式）	×××
		（みなし配当）	×××

　ロ．金銭等の交付がある場合

（金銭等）	×××	（被合併法人株式）	×××
		（みなし配当）	×××
		（株式譲渡損益）	×××

　これに対し、適格合併または適格分割型分割を行った場合には、**みなし配当は発生しません**（法法24①、所法25①）。さらに、金銭等の交付がない場合には、**株式譲渡損益も発生しません**（法法61の2②④、措法37の10③）[*11]。具体的には、以下の仕訳のとおりです。

[*11] 株主間贈与が生じる場合、たとえば、時価と異なる合併比率、分割比率により組織再編成を行う場合には、法人税および所得税の問題のほか、贈与税の問題も生じます。

【被合併法人の株主等】

イ．金銭等の交付がない場合

| （合併対価資産） | ×××　　　 | （被合併法人株式） | ××× |

ロ．金銭等の交付がある場合

| （金銭等） | ×××　　　 | （被合併法人株式） | ××× |
| | | （株式譲渡損益） | ××× |

（2）株式交換等・移転における課税関係

　株式交換等・移転を行った場合には、完全子法人の株主が、完全子法人株式を譲渡し、対価を受領したものとして考えるため、原則として、**株式譲渡損益が発生します**。

　これに対し、金銭等の交付がない場合には、株式譲渡損益は発生しません（法法61の2⑨⑪、所法57の4①②）*12。

　なお、株式交換等・移転を行った場合には、金銭等の交付があるときであっても、金銭等の交付がないときであっても、**みなし配当を認識する必要はありません**。これは、適格株式交換等・移転に該当する場合であっても、非適格株式交換等・移転に該当する場合であっても同様です。

*12　株主間贈与が生じる場合、たとえば、時価と異なる交換比率、移転比率により組織再編成を行う場合には、法人税および所得税の問題のほか、贈与税の問題も生じます。

【完全子法人の株主】

イ．金銭等の交付がない場合

| （親法人株式） | ×××　　　 | （子法人株式） | ××× |

ロ．金銭等の交付がある場合

| （金銭等） | ×××　　　 | （子法人株式） | ××× |
| | | （株式譲渡損益） | ××× |

M&A税務においては、被買収会社および買収会社における税務上の影響だけでなく、被買収会社の株主等における税務上の影響も検討する必要があります。

本書では省略しますが、クロスボーダー M&A では、配当や株式譲渡益に対する税務上の取扱いが国によって様々であるため、国内完結型の M&A とは結論が異なることが少なくありません。

M&A税務においては、組織再編税制の細かい知識よりも、配当や株式譲渡益に対する課税上の影響を理解しておくことが重要になります。

6 完全子会社の清算における繰越欠損金の引継ぎ

　平成22年改正前法人税法では、完全支配関係のある子会社を解散し、残余財産が確定した場合には、親会社において、子会社株式に対する株式消却損を損金の額に算入することができました。

　しかしながら、平成22年度税制改正により、適格合併と足並みを揃えるため、子会社株式に対する**株式消却損を認識することができなくなる**とともに（法法61の2⑰）、当該**完全子会社の繰越欠損金を親会社に引き継ぐ**という制度に変わりました（法法57②）*13。

　なお、これらの制度は、完全支配関係のある子会社を解散した場合の取扱いであり、完全支配関係のない子会社が解散した場合には、親会社において、子会社株式に対する**株式消却損を認識しますが、当該子会社の繰越欠損金を親会社に引き継ぐことはできません。**

*13 適格合併を行った場合と同様に、支配関係が生じてから5年を経過していない場合には、繰越欠損金の引継制限が課されます（法法57③）。

【子会社の清算における親会社の処理】

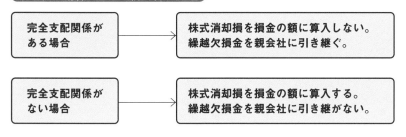

| 完全支配関係がある場合 | → | 株式消却損を損金の額に算入しない。繰越欠損金を親会社に引き継ぐ。 |
| 完全支配関係がない場合 | → | 株式消却損を損金の額に算入する。繰越欠損金を親会社に引き継がない。 |

7 おわりに

　本節では、組織再編税制の概要について解説しました。M&A税務でも、税制適格要件の検討を行うことが多いですが、①分社型分割後に分割承継法人株式を外部に譲渡する場合、②分割型分割後に分割法人株式を外部に譲渡する場合、③買収会社が被買収会社の発行済株式の全部を取得した後に、買収会社を合併法人とし、被買収会社を被合併法人とする吸収合併を行う場合は、M&Aの典型例ですので、きちんと理解しておきましょう。

CHALLENGE!

前述のように、分割型分割後に分割法人株式を外部に譲渡する場合は、適格分割型分割として取り扱われます。これに対し、分割型分割後に分割承継法人株式を外部に譲渡する場合には、非適格分割型分割として取り扱われてしまいます。

この場合に、どのような問題が生じるでしょうか。考えてみましょう。

分割型分割後の株式譲渡

第 **4** 節 簿外債務がついてきた…
～株式譲渡方式～

（ユウタ）

M&A仲介会社のHPを見ていると、ほとんどが株式譲渡方式だよね。M&A手法は株式譲渡方式が一般的で、他の手法はあまり使われないのかな？

（マヤ）

株主が変わるだけで、そんなに難しいことはなさそうだから、株式譲渡方式が利用されているのかな。税務上も被買収会社の株主に株式譲渡損益が生じるだけで、そんなに難しい論点はないはずだよね。

（コウジ）

でもさ、会社を丸ごと買収するって、考えてみると危なくないか？ デューデリジェンスをしても、すべての簿外債務を発見することはできないし、もし、その会社が損害賠償を受けるようなことがあったら、そのリスクまで引き受けないといけない。考えてみると、かなりリスキーだよ。

（サトウ先生）

本章第1節で解説したように、M&Aの手法には、株式譲渡方式、事業譲渡方式、会社分割方式、株式交換方式など様々な手法があります。しかし、ユウタの言うように、M&Aの手法としては株式譲渡方式が採用されることがほとんどで、それ以外の手法が採用されることは、それほど多くはありません。

しかし、第2章で解説しますが、税務上の観点からは、株式譲渡方式ではなく、事業譲渡方式や会社分割方式のほうが有利な場合が少なくありません。

コウジの指摘は重要です。株式譲渡方式は、被買収会社のすべての権利義務を買収会社が取得することができるため、手間がかからない手法であるといえます。その一方で、過去の簿外債務まで引き継がざるを得ないという問題があるため、簿外債務のリスクが大きすぎる場合には、株式譲渡方式を採用することができません。

1 「株式」を譲渡する手法と「事業」を譲渡する手法

　本章第1節で解説したように、M&Aには様々な手法があります
が、①株式を譲渡する手法と②事業を譲渡する手法の2つに大きく
分けられます。

　このうち、①株式を譲渡する手法としては、株式譲渡、株式交換
および株式移転が挙げられます。これに対し、②事業を譲渡する手
法としては、事業譲渡、会社分割および吸収合併が挙げられます。

　本節では、上記のうち、株式譲渡方式について解説します。なお、
本節以降では、被買収会社が株式会社である場合を前提にしていま
す。

2 株式譲渡方式

　株式譲渡とは、被買収会社株式を買収会社に譲渡し、対価として
金銭を取得する手法をいいます。株式譲渡を行った場合には、被買
収会社の法人格をそのまま引き継ぐことから、被買収会社のすべて
の権利義務をそのまま買収会社が取得できます。そして、この手法
を用いた場合には、被買収会社の株主が譲渡代金を取得することか
ら、被買収会社の株主に株式譲渡損益が生じます。

株式譲渡

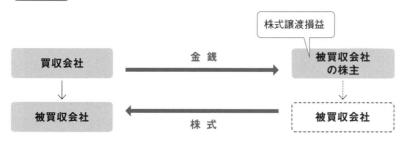

　株式譲渡方式は、被買収会社のすべての権利義務を買収会社が取
得できることから、手間がかからない方法であるものの、過去の簿
外債務まで引き継がざるを得ないため、デメリットになることも少
なくありません。

3 名義株問題

　実務上、**名義株**が存在している場合には、買収会社からすれば、名義上の株主と真実の株主を一致させたうえで被買収会社株式を買収したほうが、買収後の無用の争いを避けることができるため、株式譲渡を行う前に、**名義株を解消**することが一般的です。

　しかし、名義株主と名義借用人が疎遠になっている場合や名義株主がすでに死亡している場合には、名義株を解消できないことがあり得ます。さらに、世代交代を重ねたり、何度も名義を借りたりした結果として、**本当の株主が誰なのかが分からなくなっている場合**もあります。このような場合には、そもそもの譲渡の対象となっている株式の所有者が不明であることから、株式譲渡を真正に成立させることができません。

　このような場合には、他の手法によりM&Aを行わざるを得ません。

4 被買収会社の株主が法人である場合

　被買収会社の株主が法人である場合には、当該法人株主において**株式譲渡損益**が発生します。そして、特段の規定がないことから、通常の課税所得と同様に、株式譲渡損益に対して、**約30％**の法人税、住民税および事業税の負担が生じます。

　これに対し、株式の譲渡を行う前に、被買収会社から法人株主に対して配当を行った場合には、当該法人株主で発生する**株式譲渡益**を**受取配当金**へ振り替えることができます。具体的には、以下の事例をご参照ください。

〈前提条件〉

被買収会社の貸借対照表 (単位：百万円)

	税務簿価	時　価		税務簿価	時　価
資　産	11,000	11,000	負　債	8,000	8,000
資産調整勘定	0	6,000	純資産 ※	3,000	9,000
合　計	11,000	17,000	合　計	11,000	17,000

※純資産の内訳

	税務簿価	時 価
資本金	50	50
資本準備金	50	50
利益剰余金	2,900	8,900
純資産	3,000	9,000

- ・　被買収会社の株主は法人株主1人です（日本の内国法人）。
- ・　被買収会社の株主が保有する被買収会社株式の帳簿価額は100百万円です。
- ・　被買収会社株式の譲渡価額は9,000百万円です。
- ・　被買収会社の株主は、被買収会社の発行済株式の全部を保有しているため、受取配当金の全額に対して、受取配当等の益金不算入を適用することができます（法法23①⑤）。
- ・　分配可能額の全額（2,900百万円）を配当する場合と配当しない場合とを比較します。

〈法人税、住民税および事業税の課税関係〉

（イ）被買収会社側の税負担

	株式譲渡方式（配当なし）	株式譲渡方式（配当あり）
被買収会社	株主が変わるだけなので、課税関係は発生しません。	同 左
被買収会社の株主	株式譲渡益に対して課税されます。 ⇒実効税率が30%なので、税負担は以下のとおりです。 （譲渡価額－譲渡原価）×30% ＝（9,000百万円－100百万円）×30% ＝2,670百万円	左記のうち、2,900百万円に対して受取配当等の益金不算入の適用を受けます。 したがって、税負担は以下のとおりです。 （譲渡価額－譲渡原価）×30% ＝（9,000百万円－2,900百万円－100百万円）×30% ＝1,800百万円
合 計	税負担　2,670百万円	税負担　1,800百万円

（ロ）買収会社側の税負担

	株式譲渡方式（配当なし）	株式譲渡方式（配当あり）
買収会社	単なる株式の取得なので、課税関係は発生しません。	同 左
合 計	税負担　0百万円	税負担　0百万円

(ハ)合 計

	配当なし	配当あり	有利不利判定
被買収会社側	2,670百万円	1,800百万円	配当をしたほうが有利
買収会社側	0百万円	0百万円	有利不利なし
合 計	2,670百万円	1,800百万円	配当をしたほうが有利

〈総括〉

　このように、株式を譲渡する前にその他利益剰余金の配当をした
ほうが、法人税、住民税および事業税の負担が少ないということが
いえます。

どうやら、株主が法人である場合には、株式譲渡益ではなく、受取配当
金として認識できるスキームが有利みたいだね。

令和2年度税制改正により、特定関係子法人から受ける配当等の額が株式等の帳簿価額の10％を超える場合には、その対象配当金額のうち益金不算入相当額を、その株式等の帳簿価額から引き下げるという制度が導入されました（法令119の3⑩〜⑯）。

そうなると、受取配当等の益金不算入が適用できたとしても、株式の帳簿価額の引下げを通じて、株式譲渡益が引き上げられてしまうため、株式を譲渡する前に配当をしても、税負担を減少させることができないようにも思えます。

しかし、内国普通法人である特定関係子法人の設立の日から特定支配関係発生日までの間において、その発行済株式総数の90％以上を内国普通法人もしくは協同組合等または居住者が有している場合には、この制度の対象から除外されました。

さらに、①特定支配関係発生日から10年を経過した場合、②特定支配関係発生日以後の利益剰余金の額から支払われたものと認められる場合にも、この制度は適用されません。

そのため、今までどおり、株式を譲渡する前に配当することで、税負担を減少させることができる事案が多いと思われます。

5 被買収会社の株主が個人である場合

被買収会社の株主が個人である場合には、当該個人株主において**譲渡所得**が生じます。本章第2節で解説したように、譲渡所得に対する所得税法上の取扱いは以下のとおりです。

◆ **株式譲渡益が発生した場合**

原則として、譲渡所得として分離課税（**20.315％の固定税率**）の適用を受けます*1。

◆ **株式譲渡損が発生した場合**

給与所得等の他の課税所得と相殺することはできません（措法37の10①、地法附則35の2①⑤）。

第2章第1節で解説するように、オーナー企業のM&Aでは、譲渡所得として認識できるスキームを基本としながらも、役員退職慰労金を利用したスキームを活用することが一般的です。

そのほか、実務で利用されることは稀ですが、エンジェル税制の検討を行うことがあります。

*1　本章第2節 *7、*8 参照。

6 買収会社側の論点

（1）付随費用

法人税法上、有価証券の取得価額は、**購入対価に付随費用*2を加算した金額**であるとされています（法令119①一）。このうち、付随費用についての取扱いは以下のとおりです。

◆ **仲介会社に支払う仲介手数料、弁護士に支払う株式譲渡契約書の作成費用**

　　➡ 付随費用に含まれます。

*2　購入手数料その他有価証券の購入のために要した費用のことをいいます。

◆　デューデリジェンスのために要した費用

①　買収のターゲットが決まっていない段階において、買収のターゲットを探すために支出した調査費用

➡　付随費用に含まれません。

②　買収のターゲットが決まり、買収するか否か、買収価額をいくらにするのかを決定するためにデューデリジェンスを行った費用

➡　付随費用に含まれます。

(2) 買収後の配当

株式譲渡方式では、買収会社が被買収会社株式を取得した後に、被買収会社から買収会社に対して配当を行った場合の論点があります。具体的には、以下のとおりです。

◆　受取配当等の益金不算入

完全子法人株式等に該当するためには、**配当の計算期間を通じて完全支配関係がある**ことが必要であり（法法23⑤、法令22の2）*3、関連法人株式等に該当するためには、**配当の計算期間を通じて発行済株式総数の3分の1を超える数の株式を引き続き有している**ことが必要になります（法法23④、法令22）*4。

◆　配当に係る源泉所得税に対する所得税額控除

本章第2節で解説したように、配当等の支払に係る基準日において、発行済株式総数の3分の1を超える数の株式を保有していれば、源泉所得税は課されません。

このように、買収会社が被買収会社株式を取得した後に、被買収会社から買収会社に対して配当を行った場合には、受取配当金の一部が益金の額に算入されてしまうという問題が生じるため、注意しましょう。

*3　配当の計算期間について、細かな規定がなされていますが、完全支配関係が成立してから1年以上が経過していれば、完全子法人株式等に該当するという点だけを理解しておけば十分です。
なお、みなし配当については、その効力発生日の前日において完全支配関係があれば、完全子法人株式等に該当するため、配当計算期間を考慮する必要はありません。

*4　配当の計算期間について、細かな規定がなされていますが、発行済株式総数の3分の1を超える数の株式を6か月以上保有していれば、関連法人株式等に該当するという点だけを理解しておけば十分です。
ただし、完全子法人株式等と異なり、みなし配当の特例が定められていないという点に注意しましょう。

（3）その他

　そのほか、実務で利用されることは稀ですが、オープンイノベーション促進税制、中小M＆A準備金税制の検討を行うことがあります。

7　買収価額の調整

（1）表明保証違反

① 買収会社側の処理

　本章第1節で解説したように、M&Aにおいては表明保証条項が付されていることが多く、表明保証違反があった場合には、被買収会社の株主から買収会社に対して譲渡代金の一部を返還してもらう必要があります。

　この場合に、**譲渡対価の調整**とするのか、**損害賠償**とするのかによって、税務上の取扱いが異なります。譲渡対価の調整とした場合には、買収会社において、**有価証券の取得価額の減額**となるため、課税関係は生じません[5]。これに対し、損害賠償とした場合には、**買収会社において雑収入が計上される**ため、課税関係が生じてしまいます[6]。

【譲渡対価の調整】

（現金預金）　　×××　　　　　（有価証券）　　×××

【損害賠償】

（現金預金）　　×××　　　　　（雑 収 入）　　×××

　なお、被買収会社の株主から被買収会社に対して支払われる場合には、譲渡対価の調整とするのか、損害賠償とするのかを検討するまでもなく、**被買収会社において雑収入が計上され**、課税関係が生じてしまいます。

＊5　国税不服審判所裁決平成18年9月8日（国税不服審判所のHP参照）。
＊6　佐藤信祐『企業買収の税務』138頁（中央経済社、第3版、平成21年）、森・濱田松本法律事務所税務プラクティスグループ編『取引スキーム別契約書作成に役立つ税務知識Q&A』61頁（中央経済社、第2版、平成30年）。

【被買収会社の仕訳】

（現金預金）	×××	（雑 収 入）	×××

コウジ

こういう問題が生じないように、株式譲渡契約書を作成しないといけないのか。

② **被買収会社の株主側の処理**

　これに対し、被買収会社の株主においては、返還した譲渡対価がどのように取り扱われるのかが問題になります。

◆　**法人株主の場合**

　譲渡対価を返還した時点で**特別損失**を計上すれば足りるため、特に問題になることはありません。

◆　**個人株主の場合**

　特別損失を計上しても他の所得との通算ができないので、過去の確定申告書を修正しないと、返還した譲渡対価に相当する金額の課税所得を圧縮する機会を逸してしまいます。そのため、**更正の請求**[7]により譲渡所得を修正することができるのかが問題となります。

　もちろん、損害賠償とした場合には、更正の請求により譲渡対価の修正を行うことは難しいと思われますが、**譲渡対価の調整**とした場合には、理論上は、更正の請求が可能であるように思えます。しかし、実際には、更正の請求が認められない可能性があるため、注意しましょう[8]。

（2）アーンアウト条項

① **買収会社側の処理**

　実務上、「譲渡価額3,000百万円のうち、1,000百万円については、買収後の事象[9]に連動させたうえで支払う」といった**アーンアウト条項**が付されていることがあります。

＊7　納める税金が多すぎた場合や還付される税金が少なすぎた場合において、税務署長に減額更正をお願いする制度のことをいいます。
＊8　森・濱田松本法律事務所・MHM税理士事務所『設例で学ぶオーナー系企業の事業承継・M&Aにおける法務と税務』449頁（商事法務、平成30年）。

＊9　たとえば、「営業利益が○○○○百万円以上になった場合」といったものが挙げられます。

このようなアーンアウト条項が付されている場合において、買収会社側が追加で1,000百万円を支払ったときは、譲渡対価の調整であることが明らかであるため、**有価証券の取得価額の増額**となり、課税関係は生じません。

【譲渡対価の調整】

(有価証券)	×××	(現金預金)	×××

② 被買収会社の株主側の処理

株式譲渡方式を採用した場合には、法人株主においては、**株式の譲渡に係る契約をした日**（法法61の2①）、個人株主においては、**収入すべき金額が確定した日**（所法36①）に、それぞれ株式譲渡損益を認識します。

そして、アーンアウト条項が付されている場合には、被買収会社の株主において、譲渡対価のうち1,000百万円に相当する部分の金額について、どの時点で株式譲渡損益を計上すべきなのかが問題になります。この点については、以下のように見解が分かれています。

◆ 株式の引渡しがあった時点で譲渡所得を認識すべきとする見解

大阪国税不服審判所裁決平成29年2月2日[10]では、被買収会社の株主が個人株主である事案において、**株式の引渡しがあった時点**で、アーンアウト条項が付された1,000百万円を含めた3,000百万円を譲渡収入としたうえで譲渡所得を認識すべきであるとしました。

◆ アーンアウト条件の達成時期に雑所得を認識すべきであるとする見解

これに対し、この裁決に対しては、「本件調整条項が、本件調整金額の支払に停止条件を付したものであるということはできず」という事実認定をしていることから、**停止条件**が付されていると判断される場合には、**アーンアウト条件の達成時期**に所得を認識すべきであるとする見解もあります[11]。この場合には、譲渡所得や一時所得ではなく、雑所得として認識すべきであるとする裁判例[12]が公表されています。

*10 TAINSコードF0-1-767、F0-1-768参照（非公開裁決事例）。
*11 小山浩・三木翼・山田彰宏「最新事例解説―アーンアウト条項付の株式譲渡において、譲渡代金のうち当該条項の対象となる部分の収入時期を株式の引渡時期であると判断した裁決」TAX LAW NEWS LETTER Vol.32（森・濱田松本法律事務所、平成30年）。
*12 大阪高判平成28年10月6日TAINSコードZ266-12913。

「停止条件」とは、ある「条件」が成就したときに法律行為の効力が発生する特約をいいます。これに類似するものとして「解除条件」があります。「解除条件」とは、ある「条件」が成就したときに法律行為の効力を失う特約をいいます。

アーンアウト条項が「停止条件」に該当するのであれば、アーンアウト条項の対象となった譲渡代金の一部について、株式の引渡し時点でその効力が生じておらず、アーンアウト条件の達成時にその効力が生じることになります。

もちろん、税務上は、「停止条件」に該当したとしても、株式の引渡し時点で株式譲渡損益を認識すべきであるという見解もあり得るため、実務上、慎重な対応が必要になります。

8 グループ通算制度を採用している場合

(1) 買収会社がグループ通算制度を採用していた場合

　買収会社が被買収会社の発行済株式の全部を取得したことに伴い、被買収会社が**グループ通算制度に加入**します。この場合には、以下のように取り扱われます。

・　被買収会社の保有する資産に対する**時価評価課税**が課されます（法法64の12①）。ただし、時価評価の対象となる資産から、**帳簿価額が10百万円未満の資産**が除外されています（法令131の16①二、131の15①四）。

・　被買収会社の保有する**繰越欠損金が切り捨てられます**（法法57⑥）。

　なお、上記の時価評価課税および繰越欠損金の切捨ては、原則的な取扱いであり、一定の場合には、時価評価課税の対象から除外されたり、被買収会社の個別所得の範囲内で繰越欠損金を利用することが認められたりしています。

（2）被買収会社の株主を通算親法人とするグループ通算制度を採用していた場合

　被買収会社の株主と被買収会社の間の通算完全支配関係が消滅することにより、被買収会社が**グループ通算制度から離脱**します（法法64の10⑥六）。その結果、第2章第4節で解説するように、被買収会社の株主において、被買収会社株式に対する**投資簿価修正**が必要になります（法令119の3⑤、119の4①）。

（3）被買収会社を通算親法人とするグループ通算制度を採用していた場合

　買収会社が被買収会社の発行済株式の全部を取得したことに伴い、**グループ通算制度が終了します**（法法64の10⑥三）。

9　おわりに

　本節では、株式譲渡方式について解説しました。株式譲渡方式は、M&Aで最も利用されているスキームですので、きちんと理解しておく必要があります。

　とりわけ、最近では、アーンアウト条項についての議論が増えています。前述のように、専門家の間でも意見が分かれていますが、いずれその取扱いも明確になると思われます。M&A税務に関しては、グレーな部分についても少しずつ明らかになってきていますので、常に情報収集を怠らないようにしましょう。

CHALLENGE!

被買収会社がストックオプション（新株予約権）を発行している場合において、当該ストックオプションに譲渡制限が付されているときは、原則として、付与時ではなく、権利行使時に給与所得等として課税されます（所法36②、所令84②）。

しかし、被買収会社の株式を取得する場合には、これらのストックオプションも買い取る必要があるため、譲渡制限を解除する必要があります。

このような譲渡制限を解除した場合に、譲渡所得に該当するのでしょうか。それとも給与所得等に該当するのでしょうか。

第5節 資金調達も必要だ！
～第三者割当増資～

コウジ

尾張フードの再生のために、橋村ファンドが増資を引き受けるみたいなんだ。でも、ちょっとよく分からないのが、A種優先株式の増資を引き受けるみたいで、普通株式ではないらしいんだよ。

ユウタ

公認会計士試験で種類株式制度のことは勉強したけど、実際に見るのは初めてだよ。配当優先権、残余財産分配請求権、取得請求権とか、いろいろ権利が付されているね。
取得請求権も、取得の対価として、金銭と普通株式のいずれかを選べるようになっているよ。株価が上がれば普通株式、株価が下がれば金銭ということなのかな？

マヤ

取得請求権が付されているんだったら、最終的には自己株式の買取りになるんだよね。普通株式が対価の場合には、特例がありそうだけど、金銭が対価の場合には、みなし配当が発生するよね。普通株式しか発行していない場合と比較して、何か特例はあるのかしら？

サトウ
先生

平成18年度に会社法が施行され、種類株式制度が整備されました。それまでも種類株式は発行されていましたが、会社法の施行により選択肢が広がったといえます。
尾張フードの事例のように、再生案件で用いられることもあれば、ベンチャー企業の資金調達で用いられることもあります。
そうなると、種類株式を買い戻したときの課税関係が問題になります。マヤの言うように、みなし配当が発生しますが、会社全体の資本金等の額により計算するのではなく、種類資本金額により計算するという特徴があります。

1 第三者割当増資

(1) 引受人

第三者割当増資により有価証券を取得した場合には、**払込みをした金銭の額に付随費用[1]を加算した金額**が有価証券の取得価額になるだけで、特段の課税関係は生じません（法令119①二、所令118②、109①一）。

> M&A事案においては稀ですが、有利発行に該当する場合には、払込みをした金銭の額と時価との差額について、受贈益の問題が生じます（法令119①四、所法36②、所令84③三）。
>
> 一般的に、有利発行に該当するかどうかは、当該発行法人の株式の価額と払込金額との差額が当該株式の価額のおおむね10％相当額以上であるかどうかにより判定します（法基通2-3-7、所基通23〜35共7）。また、この場合における「当該発行法人の株式の価額」は、決定日の価額だけではなく、決定日前1か月間の平均株価等、払込金額を決定するための基礎として相当と認められる価額で判定することも認められています。

(2) 発行法人

発行法人では、払込みを受けた金銭の額が資本金等の額として取り扱われます（法法2十六、法令8①一）。そのため、原則として、法人税の負担は生じませんが、一般的に、以下の課税関係が問題になります。

- ・ 増加資本金の額の1,000分の7について、**登録免許税**が課されます。

- ・ 資本金等の額の増加に伴い、**住民税均等割**[2]、**事業税資本割**[3]が増加することがあります。

- ・ 資本金の額が**100百万円**を超えることにより、**中小法人の特例**を受けられなくなることがあります。

[1] 金銭の払込みによる取得のために要した費用のことをいいます。

[2] 住民税均等割は、資本金等の額と事業所に属する従業者数を基礎に計算します。事業所ごとに課税されるので、事業所が多い業種では、住民税均等割の金額が多額になる場合があります。

[3] 事業税資本割は、資本金等の額を基礎に計算します。なお、資本金の額が100百万円以下である場合には、原則として、外形標準課税の対象から除外されるので、事業税資本割の負担も生じません。

ユウタ

そういえば、この前の案件では、資本金の額が100百万円を超えてしまうけど、オーナーが過半数を保有したままだったから、同族会社等の留保金課税が問題になっていたぞ（法法67）。事業年度末までに減資をすれば、留保金課税を回避できるから、減資をするかどうか議論をしていたな。

サトウ
先生

同族会社等の留保金課税とは、同族会社等が留保した所得金額に対して、追加的に課される税金のことをいいます。しかし、資本金の額が100百万円以下である同族会社等に対しては、同族会社等の留保金課税が課されません*4。

ユウタの言うように、同族会社等の留保金課税の対象になるかどうかは、事業年度末の現況により判断されるため（法法67⑧）、事業年度末までに無償減資を行えば、留保金課税の対象から除外することができます。事業税の外形標準課税の対象になった法人についても、資本金の額を100百万円以下にすることにより、外形標準課税の対象から除外することができます*5。

しかし、無償減資をしたとしても、資本金の額は減少しますが、資本金等の額は減少しません。欠損填補を行った場合には、住民税均等割および事業税資本割を減少させることができるという特例が認められていますが（地法23①四のニイ(3)、72の21①三、地規1の9の6②③、3の16②③）、それ以外の場合には認められていないため、注意しましょう。

*4 ただし、大法人（資本金の額または出資金の額が500百万円以上である法人）との間に当該大法人による完全支配関係がある場合、完全支配関係のある複数の大法人によって発行済株式等の全部が保有されている場合には、資本金の額が100百万円以下であったとしても、同族会社等の留保金課税の対象になります。
*5 ただし、令和6年度税制改正により、前事業年度に外形標準課税の対象であった法人のうち一定の法人については、無償減資をしても、外形標準課税の対象から除外することができなくなりました。

（3）既存株主

株式を譲渡していないため、株式譲渡損益は生じません。

2 普通株式を対価とする買戻し

取得請求権付種類株式[*6]、**取得条項付種類株式**[*7]、**全部取得条項付種類株式**[*8] を発行している場合において、取得の対価として、発行法人の株式のみが交付されるときは、原則として、**みなし配当**および**株式譲渡損益**を認識せずに、これらの種類株式の帳簿価額を対価として取得した株式の取得価額に付け替えます（法法24①五、61の2⑭、法令119①十五〜十九、所法25①五、57の4③、所令167の7⑦一〜五）。

ただし、種類株式の代わりに交付を受けた発行法人の株式の価額が、取得された種類株式の価額とおおむね同額である必要があります。

3 金銭を対価とする買戻し

種類株式を発行法人に買い取らせ、金銭の交付を受けたときは、自己株式の取得に該当するため、**みなし配当**および**株式譲渡損益**が発生します。

◆ みなし配当の計算

自己株式の取得により金銭の交付を受けた場合において、その金銭の額が**発行法人の資本金等の額のうちその交付の基因となった株式に対応する部分の金額**を超えるときは、その超える部分の金額については、みなし配当として取り扱われます（法法24①五、所法25①五）。

【具体例】
- 発行法人の資本金等の額は、500,000千円です。
- 発行済株式総数のうち10％に相当する数の株式を買い取らせ、200,000千円に相当する金銭の交付を受けました。

みなし配当の金額＝200,000千円－500,000千円×10％＝150,000千円

しかし、普通株式を発行した後に、異なる種類の株式を発行した

＊6　「取得請求権付種類株式」とは、株主が発行法人に対してその取得を請求することができる旨の定款の定めがある種類の株式をいいます（会社法108①五、②五）。
＊7　「取得条項付種類株式」とは、発行法人が一定の事由が生じたことを条件として、これを取得することができる旨の定款の定めがある種類の株式をいいます（会社法108①六、②六）。
＊8　全部取得条項付種類株式とは、発行法人が特定の種類の株式の全部を株主総会の特別決議によって取得することができる旨の定款の定めがある種類の株式をいいます（会社法171、108①七、②七）。

場合には、それぞれの1株当たりの発行価額が異なることから、単純に1株当たりの資本金等の額を基礎にみなし配当の計算をしてしまうと、みなし配当の金額が過大または過少になるという問題があります。

　そのため、2以上の種類の株式を発行している場合には、**種類株式ごとの資本金等の額（種類資本金額）**を計算します。すなわち、A種優先株式が1回のみ発行されている場合には、A種優先株式の1株当たりの取得価額と1株当たりの種類資本金額が一致しているため、後述する株式譲渡損益は発生せず、株主において生じる利益のすべてが、みなし配当として取り扱われます[9]。

◆　**株式譲渡損益の計算**

　株式譲渡損益の計算において、みなし配当に相当する金額が譲渡対価の金額から**控除**されます（法法61の2①一、措法37の10③五）。

【具体例】

・　交付を受けた金銭の額：200,000千円

・　みなし配当の金額：150,000千円

・　株式の取得価額：20,000千円

　　　株式譲渡損益の金額＝（200,000千円－150,000千円）－20,000千円＝30,000千円

【税務上の仕訳】[10]

（現　金　預　金）　200,000千円　　（株　　　　　式）　　20,000千円

　　　　　　　　　　　　　　　　　（み　な　し　配　当）　150,000千円

　　　　　　　　　　　　　　　　　（株　式　譲　渡　損　益）　　30,000千円

＊9　株主において付随費用が発生している場合には、1株当たりの取得価額のほうが大きくなるため、株式譲渡損失が発生することがあり得ます。

＊10　単純化のため、源泉所得税については省略しています。

4 おわりに

　本節では、第三者割当増資について解説しました。株式譲渡方式と異なり、既存株主が株式を譲渡したわけではないため、株式譲渡損益は発生しません。

　種類株式を発行している場合には、当該種類株式を買い取らせた場合における課税関係を整理しておく必要があるので、きちんと理解しておきましょう。

C HALLENGE!

かなり稀な事案ですが、時価よりも安い金額による第三者割当増資、時価よりも高い金額による第三者割当増資が行われることがあります。この場合の課税関係はどのようになるでしょうか。考えてみましょう。

第6節 必要な資産だけ買ってしまえ！
～事業譲渡方式～

マヤ M&Aの手法には、①株式を譲渡する手法と②事業を譲渡する手法の2つがあったよね（本章第1節参照）。事業を譲渡する手法って、どんなときに利用されるんだろう？

コウジ 被買収会社で複数の事業を営んでいる場合には、一部の事業のみを買収したいということもあるだろうから、そういうときに事業譲渡を利用するんじゃないかな？

ユウタ たしかにそういうケースもあるだろうね。簿外債務が大きすぎる場合とか、借入金の一部を放棄してもらう場合とか、M&Aの対象から負債の一部を除外するときにも、事業譲渡が利用できそうだよね。

サトウ先生 本章第1節で解説したように、M&Aには、①株式を譲渡する手法と②事業を譲渡する手法があります。事業譲渡方式は、事業を譲渡する手法の典型的な手法であるといえます。

一般的には、コウジの言うように、被買収会社の一部を買収したいときに事業譲渡方式が利用されることがほとんどです。

これに対し、ユウタの言うように、再生案件では、借入金の一部を放棄してもらう必要があるので、M&Aの対象から借入金の一部を除外するために事業譲渡方式を採用することがあります。

さらに、最近の事案では、中小零細企業もM&Aの対象になっています。中小零細企業では、決算書の信頼性が低く、簿外債務のリスクもあります。そして、株式の譲渡価額が低いことから、表明保証違反があっても、表明保証違反に対する損害賠償の支払能力もありません。この場合には、株式譲渡方式はリスクが高いため、事業譲渡方式を採用せざるを得ません。

1 「株式」を譲渡する手法と「事業」を譲渡する手法

本章第1節で解説したように、M&Aには様々な手法があります
が、①**株式を譲渡する手法**と②**事業を譲渡する手法**の2つに大きく
分けられます。

このうち、①株式を譲渡する手法としては、**株式譲渡、株式交換**
および**株式移転**が挙げられます。これに対し、②事業を譲渡する手
法としては、**事業譲渡、会社分割**および**吸収合併**が挙げられます。

本節では、上記のうち、事業譲渡方式について解説します。

2 事業譲渡方式

事業譲渡とは、**被買収会社の事業を買収会社に**譲渡し、対価とし
て金銭の交付を受ける手法をいいます。この手法を用いた場合には、
被買収会社（事業譲渡法人）において**事業譲渡損益**が生じるものの、
被買収会社の株主において課税関係は生じません[1]。

*1 同族会社等の留保金課税の対象になる場合（法法67）には、被買収会社の株主に分配をせずに、会社に利益を留保したことに対して、被買収会社における法人税の負担が発生することがあります。

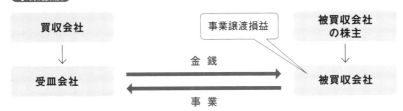

そして、この手法は、被買収会社の株主ではなく、被買収会社に
事業譲渡代金が入金されるため、被買収会社の株主が事業譲渡代金
を受け取るためには、被買収会社から**剰余金の配当**を行ったり、清
算により**清算分配金**を交付したりする必要があります。この場合に
は、当該被買収会社の株主において、**配当金としての課税**が生じま
す。

株式譲渡方式と違って、被買収会社にお金が入ってくるのか。

サトウ
先生

事業譲渡方式は、株式譲渡方式と異なり、被買収会社の法人格を引き継がないため、被買収会社の簿外負債などを引き継がないことができるというメリットがある反面、個々の資産および負債、契約関係を個別承継することから、事務が煩雑になりやすいというデメリットがあります。そのため、実務上、事業譲渡方式が煩雑である場合には、本章第7節で解説する会社分割方式が採用されることがあります。

3 名義株問題

事業の全部の譲渡または重要な一部の譲渡を行う場合には、**株主総会の特別決議**[*2]が必要になります（会社法467①一、二）。

そのため、本章第4節で解説した株式譲渡方式と同様に、真実の株主が明らかでない場合には、株主総会を開催せずに事業譲渡を行ったことになります。このように株主総会決議が不存在の状態で行われた事業譲渡は無効とされてしまうことがあります。

さらに、本章第7節で解説する会社分割と異なり、その**主張方法に制限は課されていない**ため、事業譲渡が行われて2～3年が経過してから、真実の株主であると主張する者から事業譲渡が無効であると主張されてしまう可能性があります。

このような場合には、本章第7節で解説する会社分割方式が採用されることがあります。

*2　議決権の過半数を有する株主が出席し、出席した株主の議決権数の3分の2以上の賛成が必要となる決議をいいます。

4 のれん、負ののれん

事業譲渡を行った場合には、買収会社は被買収会社の資産および負債を時価で取得します。そして、事業譲渡の対価として交付した金銭の額が**時価純資産価額を超える場合**には、その超える部分の金額が**資産調整勘定（のれん）**として取り扱われ[*3]、**下回る場合**には、その下回る部分の金額が**差額負債調整勘定（負ののれん）**として取り扱われます（法法62の8①③）。

資産調整勘定および差額負債調整勘定は、会計上の処理にかかわらず、**5年間の均等償却により損金の額または益金の額に算入**する必要があります（法法62の8④⑤⑦⑧）。

*3　M&A事案においては稀ですが、寄附金または資産等超過差額として認定された場合には、資産調整勘定を認識することができない場合があります。

資産調整勘定の償却ができるのがメリットだといえそうだよね。でも、被買収会社の繰越欠損金は引き継げないから、ケースによって有利不利が変わってきそうだね。

✕ 失敗事例 ✕

　差額負債調整勘定が生じる事案は稀であるため、ストラクチャーの設計段階において、差額負債調整勘定の計上が必要であるということを失念していた失敗事例があります。この事案では、差額負債調整勘定の取崩益が発生したことにより、買収した後に思わぬ課税が生じてしまいました。

　このようなことが生じないように、差額負債調整勘定の計上が必要になる場合には、買収後の差額負債調整勘定の取崩益について注意しましょう。

---

5 事業の転売

　M&Aにおいて、被買収会社に複数の事業が存在することがあります。このような場合には、被買収会社の事業のすべてを買収した後に、不要な事業を外部に譲渡することが考えられます。

　たとえば、被買収会社の事業のすべてを買収し、資産調整勘定（1,000百万円）を認識した後に、外部に転売した事業に対して300百万円の資産調整勘定が計上されている場合において、300百万円の資産調整勘定を転売時の譲渡原価に含めることができれば、転売時に譲渡損益は生じません。

　しかし、資産調整勘定および差額負債調整勘定は、5年間の均等償却により損金の額または益金の額に算入することのみが認められており（法法62の8④⑤⑦⑧）、事業譲渡を行ったとしても、**事業譲渡の対象となる資産調整勘定を取り崩すことは認められていません。**

　したがって、上記の事案では、事業の転売により、**300百万円の事業譲渡益**が生じてしまうため、注意しましょう。

【事業の転売】

1,000百万円の資産調整勘定を認識　　　　　300百万円の資産調整勘定を認識

被買収会社　→事業譲渡→　買収会社　→転売→　外部の会社

【事業譲渡時の仕訳】

（資産調整勘定）　　　1,000百万円　　　（金　　銭）　　　1,000百万円

【転売時の仕訳】

① 資産調整勘定を譲渡原価に含めることができると仮定した場合

（事業譲渡の場合には、このようなケースはありません）

（金　　銭）　　　300百万円　　　（資産調整勘定）　　　300百万円

② 資産調整勘定を譲渡原価に含めることができない場合

（金　　銭）　　　300百万円　　　（事業譲渡益）　　　300百万円

6　付随費用

　本章第4節で解説したように、株式譲渡方式を採用した場合には、**デューデリジェンスのために要した費用**が有価証券の取得価額に算入されるため、損金の額に算入することができません。

　これに対し、事業譲渡方式を採用した場合には、被買収会社の資産および負債を取得することから、有価証券の取得価額に算入されることはありません。

　事業譲渡方式においては、個別資産や資産調整勘定の取得価額に算入する旨の規定がないことから、**損金の額に算入すべき**であると考えられます[4]。

＊4　国税庁HP質疑応答事例「合併に伴うデューディリジェンス費用の取扱い」では、適格合併に該当する場合であっても、非適格合併に該当する場合であっても、個別資産や資産調整勘定の取得価額を構成するのではなく、損金の額に算入することが明らかにされています。

マヤ：株式譲渡方式では、損金の額に算入できなかったデューデリジェンス費用が事業譲渡方式だと損金の額に算入できるのね。

7　未経過固定資産税

　固定資産税は、1月1日に資産を所有している者に対して、1年分の税額が課されます（地法359）。そのため、事業譲渡対象資産に不動産が含まれている場合には、所有権移転後の固定資産税を買収会社で負担するために、**未経過固定資産税の精算**を行うことがあります。

　なお、買収会社が負担した未経過固定資産税は、固定資産税を支払ったのではなく、「固定資産税に相当する金額」を売買対価として支払ったに過ぎないため、租税公課として損金の額に算入することはできず、**不動産の取得価額**に算入されるため、注意しましょう[*5]。

＊5　東京高判平成28年3月25日TAINSコードZ888-1991、東京高判平成26年4月9日TAINSコードZ888-1853。

　コウジ

　未経過固定資産税の負担は、M&Aの交渉で明確にしておかないと揉めてしまいそうだよね。

8　事業譲渡後に清算する場合

（1）通常の場合

　事業譲渡後に解散した場合には、残余財産の分配を受けた日において、その株主に**みなし配当**と**株式譲渡損益**が発生します。

　具体的な計算は以下のとおりです。

【みなし配当（法令23①四、所令61②四）】

$$みなし配当の金額 ＝ 清算分配金 － 資本金等の額 × \frac{保有株式数}{発行済株式総数}$$

【株式譲渡損益（法法61の2①、措法37の10③四）】

　株式譲渡損益の金額 ＝（清算分配金 － みなし配当の金額）－ 譲渡原価

（2）完全支配関係のある内国法人が残余財産の分配を受けた場合

　平成22年度税制改正により、**完全支配関係**のある内国法人から解

散による残余財産の分配を受けた場合には、その**法人株主**において、株式譲渡損益を認識することができなくなりました（法法61の2⑰）*6。

そのため、**みなし配当のみが発生**し、株式譲渡損益は計上されません。

*6　個人株主においては、この特例が適用されないため、株式譲渡損益も認識する必要があります。

9　債務超過会社に対するM&A

被買収会社が債務超過である場合には、**解散の日の翌日**に事業譲渡を行うことで、事業譲渡益と**特例欠損金（期限切れ欠損金）**を相殺することができます。なぜなら、解散の日の翌日以降の事業年度では、残余財産がないと見込まれる場合に、特例欠損金の損金算入が認められているからです（法法59④）。

〈前提条件〉

被買収会社の貸借対照表 （単位：百万円）

	税務簿価	時　価		税務簿価	時　価
資　産	800	800	負　債	950	950
資産調整勘定	0	200	役員借入金	300	300
			純資産 ※	△450	△250
合　計	800	1,000	合　計	800	1,000

※純資産の内訳

	税務簿価	時　価
資本金	10	10
利益剰余金	△460	△260
純資産	△450	△250

特例欠損金は、適用年度の前事業年度の法人税確定申告書に添付する別表五（一）「利益積立金額及び資本金等の額の計算に関する明細書」に記載されている金額を基礎に計算を行います（法基通12-3-2）。

上記の事例では、適用年度の前事業年度の差引翌期首現在利益積

立金額の合計額として記載されている金額が△460百万円であることから、繰越欠損金が60百万円である場合には、特例欠損金が400百万円となります。

そして、時価総資産が1,000百万円であり、役員借入金以外の負債が950百万円であることから、役員借入金のうち、250百万円を支払うことができません。

その結果、事業譲渡益が200百万円発生し、債務免除益が250百万円発生します。すなわち、繰越欠損金（60百万円）と特例欠損金（400百万円）の合計金額のほうが大きいことから、解散の日の翌日に事業譲渡を行った場合には、事業譲渡益および債務免除益に対する課税は生じません。

解散した後に事業譲渡をするだけで、簡単に節税ができるんだね。

10 事業譲渡方式における流通税の留意事項

(1) 消費税

本章第2節で解説したように、事業譲渡を行った場合には、消費税の課税対象になります。なお、**のれん**に対しても消費税が課税されるため、消費税の計算を間違わないように注意しましょう。

*7　総売上に占める課税売上の割合をいいます。そのため、課税売上が大きくなれば課税売上割合が大きくなり、非課税売上が大きくなれば、課税売上割合が小さくなります。

事業譲渡を行った場合には、消費税の課税対象になります。事業譲渡に伴って消費税が課されたとしても、事業譲受法人で仕入税額控除を十分に認識することができれば、実質的な負担はありません。
しかし、課税仕入れ等に係る消費税額の全額ではなく、課税売上に対応する部分のみが、仕入税額控除の対象になります。そして、一般的に課税売上割合*7が小さくなると、仕入税額控除の金額も小さくなり

ます。すなわち、事業譲受法人における課税売上割合が小さい場合には、事業譲受法人が負担した消費税に対して、十分に仕入税額控除を認識できないことが考えられます。

さらに、土地の譲渡は非課税売上に該当するため、事業譲渡対象資産に土地が含まれている場合には、事業譲渡に伴って、事業譲渡法人の課税売上割合が減少することがあります*8。この場合には、事業譲渡とは別の取引において、事業譲渡法人が負担した消費税に対して、十分な仕入税額控除を認識できないことが考えられます。

このような問題がある場合には、実務上、事業譲渡ではなく、消費税の課税対象にならない会社分割を選択する場合もあります。

*8　事業譲渡により、著しく課税売上割合が減少した場合には、「消費税課税売上割合に準ずる割合の適用承認申請書」を提出し、事業譲渡法人の仕入税額控除が小さくならないようにすることも、実務上、検討する場合があります。

（2）不動産取得税

事業譲渡により不動産を取得した場合には、不動産取得税が課されます。この場合の課税標準は、固定資産税評価額により計算を行います。ただし、**令和9年3月31日**までに**宅地等（宅地および宅地比準土地）**を取得した場合は、固定資産税評価額の**2分の1**が課税標準となります（地法附則11の5①）。

そして、不動産取得税の税率は、**100分の4**とされていますが（地法73の15）、**令和9年3月31日**までに取得した土地については、**100分の3**まで軽減されています（地法附則11の2①）。

（3）登録免許税

本章第2節で解説したように、事業譲渡により不動産を取得した場合には、不動産の所有権移転登記が必要になります。そのため、当該所有権移転登記に伴う登録免許税が発生します。

そのほか、所有権移転登記以外の登記が必要になる場合には、それぞれの登記に対する登録免許税が発生します。

11 おわりに

　本節では、事業譲渡方式について解説しました。事業譲渡方式は、事業を譲渡する手法のうち基本的な手法であるため、きちんと理解しておく必要があります。

　事業譲渡方式を行った場合には、資産および負債を時価で取得することから、会計上の受入処理が煩雑であるというデメリットがあります。さらに、法務上も、許認可、免許の再取得や契約の更新など、株式譲渡方式に比べて煩雑な作業が必要になるため、大きなM&Aではあまり用いられていません。

CHALLENGE!

事業譲渡方式において、時価で減価償却資産を取得するとしても、建物以外の減価償却資産のほとんどが簿価＝時価であるため、大きな影響はないように思います。

しかし、中古固定資産の取得に該当するため、事業譲渡の日の属する事業年度に多額の損金が発生することがあります。それはどうしてでしょうか。考えてみましょう。

第 **7** 節 　 契約がたくさんで大変だ…
　　　　　〜会社分割方式〜

ユウタ

事業譲渡方式だと、契約を引き継ぐことができないから大変だよね。いろいろと説明しないといけないし、引き継ぐことができない契約があるのかもしれない。何か良い方法はないのかな？

マヤ

会社法の授業で、会社分割は合併と同じ包括承継だから、契約を引き継ぐことが可能だと聞いたわ。サトウ先生も、大きなM&Aだと、会社分割方式を採用しているみたいだよ。

コウジ

たしかに会社分割なら契約を引き継ぐことができるだろうね。でもさ、許認可や免許が引き継げるかどうかは分からないよ。
もし、許認可や免許が引き継げないなら、会社分割の前に取り直さないといけない。1〜2か月くらいかかるものもあるから、事前に準備をしておかないといけないよね。

サトウ
先生

本章第1節で解説したように、M&Aの手法には、①株式を譲渡する手法と②事業を譲渡する手法があります。会社分割方式は、事業譲渡方式と同様に事業を譲渡する手法であるといえます。
マヤの言うように、事業譲渡方式では契約を引き継ぐことができませんが、会社分割方式であれば契約を引き継ぐことができます。大きなM&Aになると、事業譲渡方式は煩雑だということで、会社分割方式が採用されることがあります。しかし、債権者異議手続に1〜2か月かかるので、小さなM&Aであれば事業譲渡方式のほうが望ましいでしょう。
コウジの指摘は鋭いですね。主務官庁によって異なりますが、許認可、免許を引き継ぐことができないケースが少なくありません。その場合には、会社分割の前に、許認可、免許の再取得をしておく必要があります。

1 「株式」を譲渡する手法と「事業」を譲渡する手法

　本章第1節で解説したように、M&Aには様々な手法があります
が、**①株式を譲渡する手法**と**②事業を譲渡する手法**の2つに大きく
分けられます。

　このうち、①株式を譲渡する手法としては、**株式譲渡**、**株式交換**
および**株式移転**が挙げられます。これに対し、②事業を譲渡する手
法としては、**事業譲渡**、**会社分割**および**吸収合併**が挙げられます。

　本節では、上記のうち、会社分割方式について解説します。

2 会社分割方式

　会社分割とは、株式会社または合同会社がその事業に関して有す
る権利義務の全部または一部を他の会社（または新設会社）に承継さ
せることをいいます（会社法2二十九、三十）。事業譲渡と異なり、分
割法人の事業を分割承継法人に包括承継させることから、個別の資
産および負債、契約関係の移転手続が容易になるというメリットが
あります。

　また、会社分割方式には、**会社分割方式（現金交付型）***1と**会社分
割方式（株式交付型）***2とがあります。

　このうち、会社分割方式（現金交付型）は、被買収会社（分割法
人）の事業を買収会社（分割承継法人）に移転し、対価として金銭が
交付されるので、事業譲渡方式と大きくは変わりません。そして、
法人税法上も、**金銭等不交付要件**を満たさないため、**非適格分社型
分割**に該当します（法人税法2十二の十一）。

*1　分割承継法人から分割法人に対して金銭を交付する手法のことをいいます。
*2　分割承継法人から分割法人に対して分割承継法人株式を交付する手法のことをいいます。

会社分割方式（現金交付型）

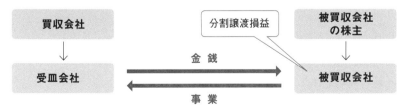

　これに対し、会社分割方式（株式交付型）は、被買収会社（分割法

人）が会社分割により新会社（分割承継法人）に事業を移転した後に、当該新会社の株式を買収会社に譲渡する手法のことをいいます。法人税法上は、**分割法人と分割承継法人との間の支配関係の継続が見込まれていないため**、**非適格分社型分割**に該当します（法令4の3⑥⑦）。

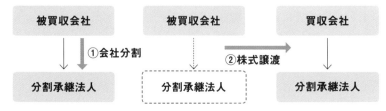

会社分割方式（株式交付型）

〈ステップ1：会社分割〉 〈ステップ2：株式譲渡〉

被買収会社	被買収会社	買収会社
↓ ①会社分割	┊ ②株式譲渡 →	↓
分割承継法人	分割承継法人	分割承継法人

マヤ　法人税法上の取扱いは、事業譲渡方式と変わらないんだね。

サトウ先生　事業譲渡方式、会社分割方式のいずれも、M&A対象の事業を時価で移転する手法であるといえます。これに対し、M&A対象外の事業を切り離してから、M&A対象の事業だけになった被買収会社の株式を譲渡する手法もあります。この手法については、第2章第5節で解説します。

3　名義株問題

　事業譲渡方式と異なり、会社分割の場合には、会社分割無効の訴えにより、提訴期間（効力発生日から6か月以内）が設けられています（会社法828①七、八）。そのため、事業譲渡方式と異なり、**6か月**を経過してしまえば、会社分割が無効とされてしまうリスクはほとんどないといえます。

　しかし、会社分割方式（株式交付型）を採用した場合には、被買収

会社が分割承継法人株式を譲渡する行為が事業譲渡類似行為*3となり、**株主総会の特別決議**が必要になります（会社法467①二の二）。すなわち、6か月を経過したとしても、会社分割は無効にならないものの、株式譲渡が無効とされてしまうリスクは残ります。

　このようなリスクを回避するために、会社分割方式（現金交付型）を採用することが少なくありません。しかし、それでは不動産取得税の非課税要件を満たすことができません。これを解決するために、以下の手順でM&Aを行うという方法が考えられます。

① 買収会社に受皿会社を設立させる。
② 当該受皿会社（分割承継法人）に対して、当該受皿会社の株式を交付する吸収分社型分割を行う。そして、分割の直後に、買収会社が受皿会社の発行済株式総数の50％超を有しており、分割法人が受皿会社の発行済株式総数の50％未満を有している状態にする。
③ 分割法人が取得した受皿会社の株式を買収会社に譲渡する。

　この手法であれば、分割承継法人は分割法人の子会社にならないため、分割承継法人株式を譲渡しても、事業譲渡類似行為には該当しません。さらに、金銭等不交付要件にも抵触しないので、不動産取得税の非課税要件にも抵触しません。

*3　平成26年の会社法改正により、子会社株式の譲渡も事業譲渡に含まれることになりました（会社法467①二の二）。具体的に、子会社株式の譲渡とは、子会社株式の全部または一部を譲渡する行為のうち、以下の2つの要件を満たすものをいいます。
　①譲渡する株式または持分の帳簿価額が株式会社の総資産額の5分の1を超えること
　②当該譲渡の後に株式会社が当該子会社の議決権の過半数を有しないこと

事業譲渡類似行為を回避する手法

〈ステップ1：受皿会社の設立〉

〈ステップ2：会社分割〉

〈ステップ3：株式譲渡〉

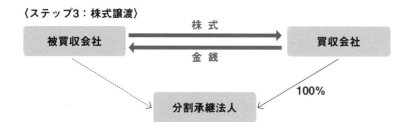

コウジ　名義株問題を解消するために、会社分割を採用することもありそうだね。

4　許認可、免許

　会社分割により契約を引き継ぐことができますが、許認可、免許を引き継ぐことができないため、分割前に、分割承継法人において、許認可、免許を再取得せざるを得ないことがあります。

　会社分割方式（株式交付型）を採用する場合において、新設分社型分割を行ってしまうと、許認可、免許のない法人に事業を移転してしまうことになるので、以下のステップにより、M&Aを行います。

① 　被買収会社の100％子会社として受皿会社を設立
② 　**受皿会社が許認可、免許を取得**
③ 　被買収会社から受皿会社（分割承継法人）に対して吸収分社型
　　分割により事業を移転
④ 　被買収会社が分割承継法人株式を買収会社に譲渡

ユウタ　事前に受皿会社が許認可、免許を取得しておく必要があるんだね。

5 のれん、負ののれん

　非適格分社型分割を行った場合には、分割承継法人が被買収会社の資産および負債を時価で取得します。そして、会社分割の対価として交付した金銭の額または分割承継法人株式の時価が**時価純資産価額を超える場合**には、その超える部分の金額が**資産調整勘定（のれん）**として取り扱われ[*4]、**下回る場合**には、その下回る部分の金額が**差額負債調整勘定（負ののれん）**として取り扱われます（法法62の8①③）。

　資産調整勘定および差額負債調整勘定は、会計上の処理にかかわらず、**5年間の均等償却により損金の額または益金の額に算入**する必要があります（法法62の8④⑤⑦⑧）。

[*4]　M&A事案においては稀ですが、寄附金または資産等超過差額として認定された場合には、資産調整勘定を認識することができない場合があります。

✕ 失敗事例 ✕

　事業譲渡方式、会社分割方式（現金交付型）の場合には、対価として交付した金銭の額との差額が資産調整勘定、差額負債調整勘定になるため、資産調整勘定、差額負債調整勘定の計上を失念することはほとんどありません。

　これに対し、会社分割方式（株式交付型）の場合には、対価として交付した**分割承継法人株式の時価との差額**が資産調整勘定、差額負債調整勘定になり、対価として交付した**分割承継法人株式の時価**が分割承継法人の増加資本金等の額になります（法令8①七）。しかし、受け入れた資産および負債の時価純資産価額を増加資本金等の額としてしまい、資産調整勘定、差額負債調整勘定の計上を失念した失敗事例があるため、注意しましょう。

【分割承継法人の仕訳】

（資　　　産）	×××	（負　　　債）	×××
（資産調整勘定）	×××	（資本金等の額）	×××

6 住民税均等割、事業税資本割

前述のように、会社分割方式（株式交付型）の場合には、対価として交付した**分割承継法人株式の時価が分割承継法人の増加資本金等の額**になります。

そして、分割法人に多額の利益剰余金がある場合には、資本金等の額が小さいにもかかわらず、簿価純資産価額が多額である場合があります。このような場合には、分割前の**住民税均等割**、**事業税資本割**は少額だったとしても、分割後の**住民税均等割**、**事業税資本割**が増加することがあるため、注意しましょう*5。

*5　特に、会社分割方式（株式交付型）により多額の資産調整勘定が認識されてしまう事案では、対価として交付した分割承継法人株式の時価が多額になり、分割承継法人の資本金等の額も多額になってしまった結果、買収後のキャッシュフローが悪化してしまうこともあります。

事業所が多い場合には、住民税均等割も多額になってしまうことがあるから、注意しないといけないね。

7 会社分割方式における流通税の留意事項

(1) 消費税

本章第2節で解説したように、会社分割による資産の移転に対して消費税は課されません。そのため、会社分割方式の場合には、分割承継法人が免税事業者になるのか、簡易課税事業者になるのかが問題になります。

◆ 免税事業者の判定

分割承継法人が免税事業者になるのか否かの判定上、新設分割であっても、吸収分割であっても、分割法人の課税売上高を加味するため、免税事業者になることは極めて稀です（消法12、消令23、消基通1-5-6の2）。

◆　簡易課税事業者の判定

　分割承継法人が簡易課税事業者になるのか否かの判定上、新設分割の場合には、**分割法人の課税売上高を加味**しますが、吸収分割の場合には、**分割法人の課税売上高を加味しません**（消法37①、消令55一〜三、消基通13-1-2）。

　そのため、会社分割方式（株式交付型）の場合において、許認可、免許の再取得（前記4参照）のために、吸収分社型分割を行ったときは、分割承継法人が簡易課税を選択できる場合があるため、注意しましょう。

（2）不動産取得税

　本章第2節で解説したように、以下の要件を満たす会社分割に対しては、不動産取得税が課税されません（地法73の7二、地令37の14）。

①　金銭等不交付要件
②　主要資産等引継要件
③　従業者従事要件
④　事業継続要件
⑤　按分型要件（分割型分割の場合のみ）

　このように、不動産取得税の非課税要件では、**分割法人と分割承継法人との間で支配関係が継続することが要求されていません**。会社分割方式（現金交付型）の場合には、金銭等不交付要件を満たすことができませんが、会社分割方式（株式交付型）の場合には、金銭等不交付要件を満たすことができるため、不動産取得税の非課税要件を充足できることがあります。

✗ 失敗事例 ✗

実務上、以下のステップによりM&Aを行うことがあります。

　①被買収会社から分社型分割により分割承継法人に事業を移転

　②被買収会社が取得した分割承継法人株式を買収会社に譲渡

　③買収会社を合併法人とし、分割承継法人を被合併法人とする吸収合併

●ストラクチャー

　〈ステップ1：新設分社型分割〉

　〈ステップ2：株式譲渡〉

〈ステップ3：吸収合併〉

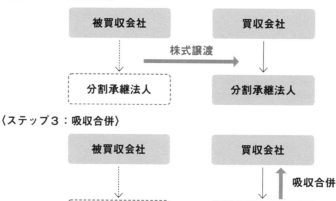

　しかしながら、不動産取得税における非課税要件では、法人税における税制適格要件の判定と異なり、**二段階組織再編成の特例**（本章第11節参照）が定められていません。そのため、分割後に、分割承継法人に移転した分割事業が合併法人に引き継がれることが見込まれており、分割承継法人において分割事業が継続することが見込まれていたとはいえないことから、**事業継続要件**に抵触してしまいます。

　したがって、上記の事案では、合併による不動産の取得に対しては不動産取得税が課されませんが、分割による不動産の取得に対しては不動産取得税が課されてしまうため、注意しましょう。

（3）登録免許税

本章第2節で解説したように、会社分割により不動産を取得した場合には、不動産の所有権移転登記が必要になります。そのため、当該所有権移転登記に伴う登録免許税が発生します。

そのほか、所有権移転登記以外の登記が必要になる場合には、それぞれの登記に対する登録免許税が発生します。

さらに、本章第2節で解説したように、会社分割に伴う商業登記も必要になります。

8 　おわりに

本節では、会社分割方式について解説しました。会社分割方式は、事業譲渡方式の代替として、大きなM&A案件の際に利用されることがあるため、きちんと理解しておく必要があります。

会社分割方式と事業譲渡方式を比較すると、法人税法上の影響はほとんど変わりません。しかし、消費税、不動産取得税などの流通税に違いがあるため、注意しましょう。

CHALLENGE!

会社分割方式（株式交付型）の場合には、分割法人の納税義務は引き継ぎませんが、第2次納税義務が課されることがあります。

さらに、稀ではありますが、会社分割方式（現金交付型）の変形バージョンとして無対価分割を採用した場合には、連帯納付責任が課されることがあります。

それはなぜでしょうか。考えてみましょう。

そちらの株主も残ってね

第 **8** 節

～株式交換方式～

コウジ 小室商事が服部商事の子会社になるみたいだね。どうやら、服部社長は小室商事の株主にも残ってもらいたいみたいで、金銭ではなく、服部商事の株式で買収したいみたいなんだよ。

マヤ 株式交換という手法だね。たしか、株式交換は、組織再編税制の一部になっているって、法人税の授業で習った気がするわ。そうなると、非適格株式交換だと何か課税されると思うんだけど、一体、何が課税されるんだろう？

ユウタ ちょっと待ってよ。株式交換は株主が変わるだけの制度だよね。対価として服部商事の株式が交付されても担税力がないから、非適格株式交換だからといって課税されるのはおかしいと思うんだけど。

サトウ先生 マヤの言うとおり、株式交換は、組織再編税制の中で規定されています。そして、非適格株式交換に該当した場合には、株式交換完全子法人の保有していた資産の含み損益を実現させる必要があります。

ユウタは少し勘違いしているみたいですね。非適格株式交換であることを理由に課税されるのは小室商事であって、小室商事の株主ではありません。小室商事の株主からすると、株式交換完全親法人株式のみの交付を受けているわけですから、株式譲渡損益を認識する必要はありません。

M&Aにおいては、株式交換が利用されることがあります。その理由として、①金銭を使わずにM&Aを行いたい、②譲渡をしてくれない少数株主から強制的に買い取りたい、というものがあります。このうち、②については、スクイーズアウトによる手法を利用することもあるので、本章第12節でまとめて解説します。

1 「株式」を譲渡する手法と「事業」を譲渡する手法

本章第1節で解説したように、M&Aには様々な手法があります
が、**①株式を譲渡する手法**と**②事業を譲渡する手法**の2つに大きく
分けられます。

このうち、①株式を譲渡する手法としては、**株式譲渡**、**株式交換**
および**株式移転**が挙げられます。これに対し、②事業を譲渡する手
法としては、**事業譲渡**、**会社分割**および**吸収合併**が挙げられます。

本節では、上記のうち、株式交換方式について解説します。

2 株式交換方式

株式交換とは、株式会社がその発行済株式の全部を他の株式会社
または合同会社に取得させることをいいます（会社法2三十一）。株
式交換を行う場合には、原則として、株式交換完全親法人および株
式交換完全子法人の**株主総会の特別決議**が必要になります（会社法
309、783①、795①）。

すなわち、株式交換とは、株主総会の特別決議によって100％子
会社にする手法のことをいいます。本章第9節で解説する株式移転
と比較すると、**既存の法人の100％子会社にする手法**を株式交換と
いい、新たに設立する法人の100％子会社にする手法を株式移転と
いいます。

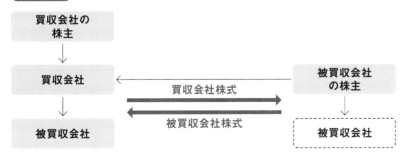

3 制度の概要

平成18年度税制改正により、**税制適格要件を満たさない株式交換**^{*1}を行った場合には、株式交換完全子法人の保有する**資産の含み損益**を益金の額または損金の額に算入することになりました（法法62の9①）。

ただし、平成29年度税制改正により、株式交換完全親法人が株式交換完全子法人の発行済株式総数の**3分の2以上を直接に保有**している場合には、金銭等不交付要件が課されなくなったため、後述するように、**非適格株式交換はほとんど行われていません**。

> ＊1　完全支配関係のある法人間で行われる株式交換を除きます。

4 時価評価対象資産

非適格株式交換において、時価評価の対象となる資産には、以下のものが挙げられます（法法62の9①）。ただし、制度の簡素化のために、**帳簿価額が10百万円に満たない資産**は、時価評価の対象から除外されています（法令123の11①四）。

- ・　固定資産
- ・　土地（土地の上に存する権利を含む）
- ・　有価証券
- ・　金銭債権
- ・　繰延資産

営業権（のれん）は、帳簿価額が10百万円未満であることが多いから、時価評価課税の対象にはならないんだね。

5 税制適格要件

株式交換における税制適格要件は、下表のとおりです（法法2二十の十七）。

〈税制適格要件〉

完全支配関係	支配関係	共同事業
(イ)金銭等不交付要件	(イ)金銭等不交付要件 (ロ)従業者従事要件 (ハ)事業継続要件	(イ)金銭等不交付要件 (ロ)従業者従事要件 (ハ)事業継続要件 (ニ)事業関連性要件 (ホ)事業規模要件または 　　特定役員引継要件 (ヘ)株式継続保有要件 (ト)完全親子関係継続要件

　上記のように、共同事業を行うために、支配関係のない法人と株式交換を行う場合には、**7つの要件**を満たす必要があります。服部商事の事案では、小室商事の株主に残ってもらいたいということなので、7つの要件を満たす必要がありそうですね。

　これに対し、前述のように、会社法上、株式交換を行うためには、**株主総会の特別決議**が必要になります。そのため、支配関係のない法人を完全子会社化する場合において、相対取引[*2]により発行済株式総数の**3分の2以上の株式**を取得してから、株式交換を行うという手法があります。

　この場合には、本章第3節で解説したように、**株式交換の直前に支配関係が成立している**ことから、株式交換後に支配関係が継続することが見込まれていれば、支配関係内の株式交換に該当します。そして、株式交換完全親法人が株式交換完全子法人の発行済株式総数の**3分の2以上を直接に保有**している場合には、金銭等不交付要件が課されません。そのため、**従業者従事要件**および**事業継続要件**を満たせば、税制適格要件を充足することができます。

＊2　当事者同士が、譲渡の対象となる株式数、譲渡価額などを決定して行う取引のことをいいます。

株式取得後の株式交換（適格株式交換）

〈ステップ1：株式取得〉

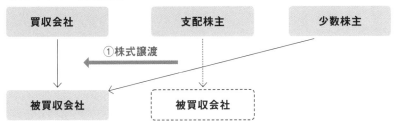

〈ステップ2：株式交換〉

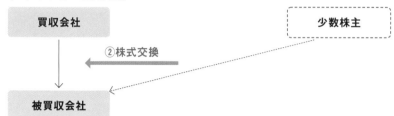

その結果、実務上、非適格株式交換に該当する事案のほとんどが、株式交換後に**完全支配関係または支配関係が継続することが見込まれていない事案**であり、それ以外の事案において、非適格株式交換に該当することはほとんどありません。

株式交換後に完全支配関係または支配関係が継続することが見込まれていない事案として、**被買収会社の支配株主を株式交換完全親法人とする株式交換を行ってから、被買収会社株式を譲渡する事案**が考えられます。

株式交換後の株式譲渡（非適格株式交換）

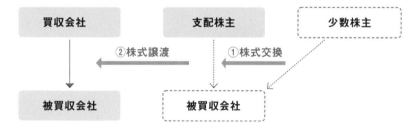

買収してから株式交換をしたら適格株式交換に該当し、株式交換をさせてから買収したら非適格株式交換に該当するのって、なんか変だよね。

6 三角株式交換

　会社法上、株式交換完全親法人株式ではなく、その**100％親会社の株式**を交付する三角株式交換を行うことがあります。法人税法上、このような三角株式交換についても、金銭等不交付要件に抵触しないように整備されています[*3]。

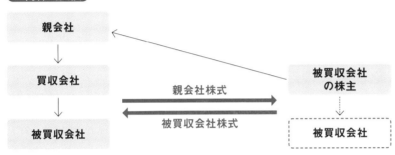

三角株式交換

*3　株式交換完全子法人の株主に株式交換完全親法人株式または株式交換完全支配親法人株式のいずれか一方の株式または出資以外の資産が交付されない場合に金銭等不交付要件を満たすものとしたうえで、株式交換完全支配親法人株式の定義を、①株式交換の直前に株式交換完全親法人と親法人との間に、当該親法人による完全支配関係があり、かつ、②当該株式交換後に当該株式交換完全親法人と当該親法人との間に当該親法人による完全支配関係が継続することが見込まれている場合における当該親法人の株式または出資としています（法令4の3⑰）。

7 現金交付型株式交換

　会社法上、株式交付型株式交換ではなく、現金交付型株式交換も認められています。

　平成29年度税制改正により、株式交換完全親法人が株式交換完全子法人の発行済株式総数の**3分の2以上を直接に保有**している場合には、金銭等不交付要件が課されなくなりました。そのため、他の要件を満たす場合には、適格株式交換に該当させることができます。

　このような手法は、スクイーズアウトによる手法と比較されることが多いので、本章第12節でまとめて解説します。

8 株式交換完全子法人の株主の処理

（1）法人税および所得税

　株式交換を行った場合には、株式交換完全子法人の株主が、株式交換完全子法人株式を譲渡しているので、原則として、株式譲渡損益を認識する必要があります。

　しかし、**株式交換完全親法人株式（または100％親会社の株式）の
みを交付する株式交換**を行った場合には、株式譲渡損益を認識する
必要はありません（法法61の2⑨、所法57の4①）。これは、非適格
株式交換に該当した場合であっても同様です。

(2) 消費税

　株式交換であっても、株式の譲渡であることから、消費税法上、
非課税売上が発生します。ただし、株式の譲渡価額の**5％**のみが非
課税売上として課税売上割合の計算に算入されます（消令48⑤）。

9　株式交換完全親法人の処理

　株式交換完全親法人株式を交付する株式交換を行った場合には、
株式交換完全子法人株式の受入価額に相当する部分の金額につい
て、利益積立金額を増加させずに、資本金等の額を増加させます（法
令8①十）。

*4　株式交換の直前に、株式交換完全親法人が株式交換完全子法人株式を有していた場合には、「株式交換完全子法人の簿価純資産価額に相当する金額×株式交換により取得をした株式交換完全子法人株式の数／株式交換完全子法人の発行済株式総数」により算定します。

【税務上の仕訳】

（子法人株式）　　　　×××　　　　（資本金等の額）　　　×××

　ここで注意が必要なのは、受け入れる株式交換完全子法人株式の
帳簿価額です。会計と異なり、税務上は、以下のように取り扱います。
(1)　非適格株式交換のうち、完全支配関係のある法人間で行われ
る株式交換以外のもの（法令119①二十七）
　➡　**株式交換完全子法人株式の取得のために通常要する価額**
(2)　適格株式交換または完全支配関係のある法人間で行われる株
式交換のうち、金銭等を交付しない株式交換（法令119①十）
　①　株式交換完全子法人の株主の数が**50人未満**である場合
　➡　株式交換完全子法人の株主が有していた**株式交換完全子
法人株式の帳簿価額**に相当する金額の合計額
　②　株式交換完全子法人の株主の数が**50人以上**である場合
　➡　株式交換完全子法人の**簿価純資産価額**に相当する金額*4

（3）　現金交付型株式交換（法令119①二十七）

➡ **株式交換完全子法人株式の取得のために通常要する価額**

10　買収会社がグループ通算制度を採用している場合

　本章第4節で解説したように、買収会社がグループ通算制度を採用していた場合には、買収会社が被買収会社の発行済株式のすべてを取得したことに伴い、被買収会社が**グループ通算制度に加入**します。適格株式交換によりグループ通算制度に加入した通算子法人に対しては、以下の特例が認められています。

◆　被買収会社の保有する資産に対する時価評価課税

　時価評価課税の対象になりません（法法64の12①二）。

◆　繰越欠損金の切捨て

　株式交換完全子法人の**個別所得の範囲**を限度として、グループ通算制度に加入する前の繰越欠損金を使用することができます（法法64の7②一）。しかし、**他の法人との損益通算が認められていない**ため、そのメリットは限定的です。

11　株式交付

　令和元年に会社法が改正され、株式交付の制度が導入されました。株式交付とは、買収会社が被買収会社を**子会社にするために**、被買収会社株式を譲り受け、**その対価として買収会社株式を交付すること**をいいます（会社法2三十二の二）。

　このように、株式交換と異なり、株式交付は、100％子会社にするための手法ではなく、買収会社株式を対価として、被買収会社株式を買い取る手法に過ぎないため、組織再編税制の対象とはされていません。

　そのため、**被買収会社の株主における株式譲渡損益の繰延べのみが導入されています**（措法37条の13の4、66条の2）*5。

*5　令和5年度税制改正により、株式交付後に株式交付親会社が同族会社（非同族の同族会社を除く）に該当する場合には、株式譲渡損益の繰延べの対象から除外されました。

12 おわりに

　本節では、株式交換方式について解説しました。一般的に、被買収会社の株主が金銭の交付を受けることを希望するため、株式交換方式が採用されることはそれほど多くはありません。

　しかし、服部社長の事案のように、共同事業を行うために、小室商事の株主にも残ってもらいたいという希望がある場合には、株式交換方式が採用されることもあるため、覚えておきましょう。

ⓒ HALLENGE!

共同事業を行うための株式交換に該当するためには、7つの要件を満たす必要がありました。このうち、服部社長の事案では、小室商事の株主にも残ってもらいたいとのことなので、株式継続保有要件は大丈夫そうですね。

このような場合に問題になりやすいのは、事業規模要件または特定役員引継要件です。事業規模が大きく離れる場合には、特定役員引継要件を満たす必要があります。それでは、どうすれば特定役員引継要件を満たせるでしょうか。考えてみましょう。

第 **9** 節 向こうの子会社にはなりたくない
～株式移転方式～

竹内運輸と上村運輸が統合するみたいだね。竹内運輸の業績が厳しくて、上村運輸が支援するために統合するんだけど、長い間、ライバルで争ってきたから、竹内運輸の役員も従業員も上村運輸の子会社にはなりたくないみたいなんだ。

それで、持株会社を作って、竹内運輸も上村運輸も持株会社の子会社になるのか。公認会計士試験で株式移転の勉強をしたけど、こういう使い方もできるんだ。

たしかに、M&Aで株式移転を活用するとしたら、こういうパターンだろうね。でも、いつまでも別会社というわけにもいかないから、数年後には統合するんだろうね。株式移転をしてから5年を超えていればよいけれど、5年を超えていないと、繰越欠損金の制限がかかるのかもしれないね。

マヤの言うとおり、株式移転により共同持株会社を設立する手法は、対等の立場で統合したという印象を与える効果があります。もちろん、竹内運輸を上村運輸が支援するための統合というのは否めないですが、それでも竹内運輸の役員および従業員に対する配慮から株式移転という手法を使ったみたいですね。
コウジの指摘は鋭いです。共同持株会社の下で別会社のまま継続するという選択肢もありますが、3～4年後に共同持株会社、竹内運輸、上村運輸の3社合併が行われる可能性はあるでしょう。支配関係が生じてから5年以内の合併に該当するので、繰越欠損金の引継制限、使用制限、特定資産譲渡等損失額の損金不算入が課されてしまいます。

1 「株式」を譲渡する手法と「事業」を譲渡する手法

本章第1節で解説したように、M&Aには様々な手法があります
が、①**株式を譲渡する手法**と②**事業を譲渡する手法**の2つに大きく
分けられます。

このうち、①株式を譲渡する手法としては、**株式譲渡**、**株式交換**
および**株式移転**が挙げられます。これに対し、②事業を譲渡する手
法としては、**事業譲渡**、**会社分割**および**吸収合併**が挙げられます。

本節では、上記のうち、株式移転方式について解説します。

2 株式移転方式

株式移転とは、一または二以上の株式移転完全子法人となる株式
会社がその発行済株式の全部を新たに設立する株式移転完全親法人
となる株式会社に取得させることをいいます（会社法2三十二）。本
章第8節で解説した株式交換と比較すると、既存の法人の100％子
会社にする手法を株式交換といい、**新たに設立する法人の100％子
会社にする手法**を株式移転といいます。

共同株式移転によるM&A手法を採用した場合には、買収会社と
被買収会社が共同持株会社の子会社になります。

株式移転

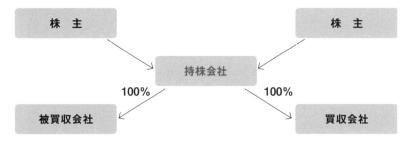

3 制度の概要

平成18年度税制改正により、**税制適格要件を満たさない株式移
転**[*1]を行った場合には、株式移転完全子法人の保有する**資産の含み**

*1　完全支配関係のある
法人間で行われる共同株式
移転を除きます。

損益を益金の額または損金の額に算入することになりました（法法62の9①）。

　具体的な税務処理は、本章第8節で解説した株式交換と変わりませんが、会社法上、対価として金銭や親会社株式を交付する組織再編成は、吸収型再編の場合にのみ認められているため、新設型再編である株式移転では、**現金交付型株式移転や三角株式移転の制度は認められていない**という点が異なります。

4　株式移転後の三社合併

　コウジの言うように、株式移転による統合を行い、3〜4年が経過すると、共同持株会社、竹内運輸および上村運輸の**3社合併**が行われる可能性があります。一般的には、**共同持株会社を合併法人**とし、**竹内運輸および上村運輸を被合併法人**とする3社合併が行われるでしょう。

　この場合には、共同持株会社（合併法人）の**設立の日から支配関係が継続**していることから、繰越欠損金の引継制限、使用制限、特定資産譲渡等損失額の損金不算入が課されないように思われます[*2]。

　しかしながら、**新設法人が他のグループ会社との適格合併を行っていた場合**には、例外的に、繰越欠損金の引継制限、使用制限、特定資産譲渡等損失額の損金不算入が課されるという制度になっています[*3]。

　そうなると、**みなし共同事業要件**を満たすか、**時価純資産超過額がある場合の特例**を適用することで、繰越欠損金の引継制限、使用制限、特定資産譲渡等損失額の損金不算入の適用を回避する必要があります。この点については、第2章第7節で解説します。

*2　第2章第7節で解説するように、合併法人の合併事業年度開始の日の5年前の日（または設立日のいずれか遅い日）から支配関係が継続している場合には、繰越欠損金の引継制限、使用制限および特定資産譲渡等損失額の損金不算入は課されません。そのため、新設法人との適格合併ではこれらの制限が課されないはずですが、当該新設法人が当該適格合併の日以前に適格組織再編成を行っている場合には、新設法人の特例が適用されず、支配関係が生じてから5年以内の適格合併であるとして、これらの制限が課されてしまいます。

*3　竹内運輸との合併については、上村運輸との合併を行ったことを理由として、新設法人の特例が適用できず、上村運輸との合併についても、竹内運輸との合併を行ったことを理由として、新設法人の特例が適用できないことになります。

5年経過してから合併すれば、こういう問題も回避できるけど、税務を理由に合併を遅らせるわけにもいかないし…。
みなし共同事業要件や時価純資産超過額がある場合の特例をきちんと検討しないといけないね。

5 名義株問題

被買収会社に名義株がある場合におけるM&Aの手法として、**単独株式移転**を行った後に、株式移転完全親法人が株式移転完全子法人株式を買収会社に譲渡するという手法があります。なぜなら、株式移転完全親法人が株式移転完全子法人株式を保有していることは明らかであるため、**真実の株主**が誰なのかという問題を解消することができるからです。そして、会社分割（本章第7節参照）と同様に、株式移転無効の訴えが用意されており、提訴期間（効力発生日から**6か月**以内）が設けられています（会社法828①十二）。

しかし、株式移転完全親法人が株式移転完全子法人株式を譲渡する行為が**事業譲渡類似行為**であるとして、**株主総会の特別決議**が必要とされています（会社法467①二の二）。そして、株式移転完全親法人の真実の株主が不明であると、当該株主総会の特別決議を行うことはできません。すなわち、6か月を経過したとしても、株式移転は無効にならないものの、**株式譲渡が無効**とされてしまうリスクは残ります。

これを回避するためには、2回の株式移転を行う必要があります。すなわち、下図の事案では、1回目の株式移転により、X社の100％親会社としてA社が設立され、2回目の株式移転により、A社の100％親会社としてP社が設立されています。その後、A社がX社株式を譲渡したとしても、A社の真実の株主はP社であることから、**当該X社株式の譲渡に係る株主総会**を合法的に成立させることが可能になります。

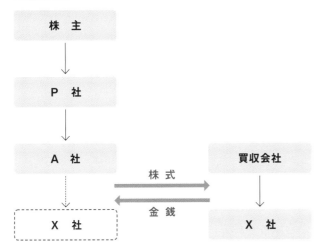

株式移転

株　主

P　社

A　社　　　　　　　　買収会社

株　式

金　銭

X　社　　　　　　　　X　社

6　単独株式移転後のM&A

(1) 株式譲渡が見込まれている単独株式移転に対する税制適格要件の判定

　単独株式移転を行った場合において、適格株式移転に該当するためには、株式移転後に株式移転完全親法人と株式移転完全子法人との間に**株式移転完全親法人による完全支配関係**が継続することが見込まれている必要があります（法令4の3㉒）。

　すなわち、単独株式移転を行った後に、株式移転完全親法人が株式移転完全子法人株式をグループ外の者に対して譲渡する場合には、**非適格株式移転**として取り扱われます。

単独株式移転後の株式譲渡

〈ステップ1：株式移転〉　　　　〈ステップ2：株式譲渡〉

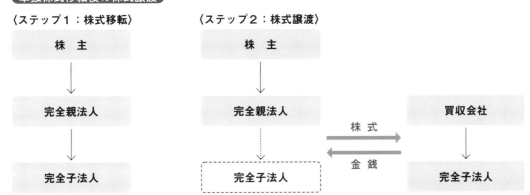

株　主　　　　　　　　　　　　株　主

完全親法人　　　　　　　　　　完全親法人　　　　　　　　買収会社

株　式

金　銭

完全子法人　　　　　　　　　　完全子法人　　　　　　　　完全子法人

さらに、非適格株式移転に該当する場合であっても、株式移転の直前に**他の株式移転完全子法人との間**に完全支配関係がある場合には、時価評価課税の対象から除かれていますが（法法62の9①）、単独株式移転の場合には、他の株式移転完全子法人が存在しないことから、**時価評価課税の対象から除外することはできません**。

（2）非適格株式移転の税務処理

① 株式移転完全子法人

本章第8節で解説した株式交換と同様に、非適格株式移転に該当したとしても、平成29年度税制改正により、**帳簿価額が10百万円に満たない資産**は時価評価課税の対象から除外されました。

② 株式移転完全子法人の株主

株式移転完全親法人株式以外の資産が交付されない場合には、株式譲渡損益を認識する必要がありません（法法61の2⑪）。

③ 株式移転完全親法人

株式移転により株式移転完全子法人株式を取得することから、以下の仕訳を行います。

【株式移転時の株式移転完全親法人の仕訳】

（完全子法人株式）　　×××　　　　　　　（資本金等の額）　　×××

この場合の株式移転完全子法人株式の受入価額は、**その取得の時におけるその有価証券の取得のために通常要する価額**になります（法令119①二十七）。その後、株式移転完全子法人株式の譲渡を行った場合には、株式移転から株式譲渡までの間に時価が変動しない限り、**譲渡価額と帳簿価額が一致している**ことから、結果として株式譲渡損益が生じません。

（3）非適格株式移転後の株式譲渡

たとえば、被買収会社（A社）の株主がX氏のみであり、X氏のA社株式の帳簿価額が10百万円であると仮定します。そして、A社の

簿価純資産価額が1,000百万円であり、A社株式の譲渡価額が3,000百万円を予定していたとします。

◆ 含み益(2,000百万円)の原因が帳簿価額10百万円以上の土地である場合
➡ 株式移転完全子法人において2,000百万円の評価益を計上します。

◆ 含み益の原因が営業権(のれん)である場合
➡ **帳簿価額が0円**であることから、時価評価の対象になりません。

このように、株式移転完全子法人において時価評価の対象となる資産が存在しなかったとしても、株式移転から株式譲渡までの間に時価が変動しない限り、株式移転完全親法人における**株式譲渡損益は0円**になります[*4]。

*4 このように、被買収会社側では、何ら課税関係を生じさせることなく被買収会社株式を譲渡していることから、包括的租税回避防止規定(法法132の2)が適用されないように、経済合理性や事業目的を説明できるようにしておく必要があります。

株式移転完全子法人にも、株式移転完全親法人にも、その株主にも課税されずに、M&Aができてしまうのか。

(4) 現物分配後の株式譲渡

実務上、非適格株式移転を行った後に、株式移転完全子法人から株式移転完全親法人に対して**現物分配**を行うことがあります。これは、**M&A対象外の資産**を株式移転完全親法人に移管するためです。

そして、現物分配における税制適格要件の判定は、現物分配の直前の完全支配関係のみを要求し、**現物分配後の完全支配関係の継続を要求していない**ため、現物分配後に株式移転完全子法人株式(現物分配法人株式)の譲渡が見込まれていたとしても、**適格現物分配**に該当します(法法2二の十五)。

そのため、株式移転完全子法人株式の時価が3,000百万円であり、適格現物分配により移転する資産の帳簿価額が1百万円、時価が300百万円である場合の仕訳は、以下のとおりとなります。

*5 適格現物分配により生じた1百万円の受取配当金は、益金の額に算入されません(法法62の5④)。
*6 適格現物分配に該当する場合には、源泉所得税の徴収は必要ありません(所法24①)。
*7 本章第4節で解説したように、特定関係子法人から受ける現物分配である場合には、益金の額に算入されなかった受取配当金に相当する金額だけ譲渡原価の金額が小さくなります(法令119の3⑩)。

【株式移転完全親法人の仕訳】

① 非適格株式移転

（完全子法人株式）　3,000百万円　　（資 本 金 等 の 額）　3,000百万円

② 適格現物分配[*5][*6]

（資　　　　　産）　　1百万円　　（受 取 配 当 金）　　　1百万円

③ 株式譲渡

（現　金　預　金）　2,700百万円　　（完全子法人株式）　3,000百万円
（株 式 譲 渡 損 益）　　300百万円

　上記の事案においては、株式移転の段階では、株式移転完全子法人株式の時価が3,000百万円であったにもかかわらず、現物分配により株式移転完全子法人株式の時価が2,700百万円まで減額されるため、株式移転完全親法人において300百万円の株式譲渡損が発生してしまいます[*7]。

コウジ

適格現物分配で移転する資産には含み益があるけど、帳簿価額が10百万円未満だから、非適格株式移転の段階では課税されていないんだね。

7　おわりに

　本節では、株式移転方式について解説しました。株式交換により親子関係を作るのではなく、株式移転により兄弟関係を作る手法になるので、対等の立場で統合したという印象を与える効果があります。

　さらに、社風が違いすぎて、いきなり合併できないという事情があることもあります。この場合には、共同持株会社の下で緩やかに統合をしていきながら、どこかのタイミングで合併をするということも行われています。

CHALLENGE!

現物分配は金銭以外の資産を分配することをいうため（法法2十二の五の二）、株式移転完全子法人から株式移転完全親法人に対して金銭を分配する場合には、剰余金の配当によらざるを得ません。この場合に、どのような問題があるでしょうか。考えてみましょう。

第10節 一緒にやっていきましょう
～吸収合併方式～

ユウタ

新日本ホールディングスと住川ホールディングスが合併するみたいだね。いきなり合併するのは珍しいけど、持株会社同士の合併だから社風の違いは解決できるのかな？

コウジ

ホールディングスは人数も少ないし、うまく統合はできるんじゃないかな。でも、ホールディングスの下にある事業会社もいずれは統合するという話になるだろうから、そちらのほうが大変な気がするけどね。

マヤ

たしかに、5年以内には合併しそうだよね。そうなると、支配関係が生じてから5年以内の合併だから、繰越欠損金の引継制限、使用制限、特定資産譲渡等損失額の損金不算入の検討が必要になるのかな？
あと、新日本ホールディングスと住川ホールディングスは共同事業を行うための適格合併に該当させないといけないから、そちらの検討も必要になるよね。

サトウ
先生

ユウタの言うように、社風の違いがあるので、いきなり合併をするのではなく、本章第9節で解説した株式移転方式を採用することがあります。もちろん、社風の違いを覚悟しながらも、株式移転を行わずに事業会社同士の合併をする事案もありますが、今回は持株会社同士の合併なので、社風の違いはそれほど気にしなくてもよさそうですね。
コウジの言うように、親会社の統合が終わったら、子会社同士の統合が始まります。もともと類似の事業を営んでいた会社同士の合併ですので、類似の子会社を保有していることがあるからです。
マヤもM&Aに慣れてきたようです。この場合、子会社同士の合併は、支配関係が生じてから5年以内の合併に該当してしまいます。

1 吸収合併方式

　吸収合併とは、会社が他の会社とする合併であって、合併により消滅する会社の権利義務の全部を合併後存続する会社に承継させるものをいいます（会社法2二十七）。事業譲渡と異なり、被合併法人の事業を合併法人に包括承継させることから、個別の資産および負債、契約関係の移転手続が容易になるというメリットがあります。

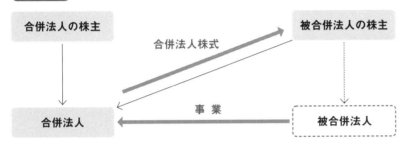

2 制度の概要

(1) 税制適格要件

　本章第3節で解説したように、合併における税制適格要件は、①**グループ内の適格合併**、②**共同事業を行うための適格合併**の2つに大きく分けられます。

〈税制適格要件〉

グループ内		共同事業
完全支配関係	支配関係	
(イ)金銭等不交付要件	(イ)金銭等不交付要件 (ロ)従業者従事要件 (ハ)事業継続要件	(イ)金銭等不交付要件 (ロ)従業者従事要件 (ハ)事業継続要件 (ニ)事業関連性要件 (ホ)事業規模要件または 　　特定役員引継要件 (ヘ)株式継続保有要件

（2）新日本ホールディングスと住川ホールディングスの合併

　新日本ホールディングスと住川ホールディングスの合併は、支配関係が成立していないので、**共同事業を行うための適格合併**に該当させる必要があります。

　被合併法人の保有する資産に含み損益がなく、繰越欠損金もなければ、非適格合併でも支障がないと思われるかもしれませんが、被合併法人の株主に**みなし配当**が生じてしまうため（本章第3節参照）、ほとんどの事案では適格合併に該当するようにしています。

　なお、新日本ホールディングスと住川ホールディングスの合併は、**支配関係がない**ので、適格合併に該当すれば、繰越欠損金の引継制限、使用制限、特定資産譲渡等損失額の損金不算入は課されません。

（3）子会社同士の合併

　さらに、新日本ホールディングスと住川ホールディングスの合併が終わったら、子会社同士の統合が始まります。新日本ホールディングスと住川ホールディングスの合併により、それぞれの子会社の間に支配関係が生じるため、**完全支配関係内の合併**または**支配関係内の合併**に該当します。

　しかし、子会社同士の合併は、**新日本ホールディングスと住川ホールディングスの合併により支配関係が生じる**ため、5年以内に合併をした場合には、繰越欠損金の引継制限、使用制限、特定資産譲渡等損失額の損金不算入が課されてしまいます。

　そうなると、**みなし共同事業要件**を満たすか、**時価純資産超過額がある場合の特例**を適用することで、繰越欠損金の引継制限、使用制限、特定資産譲渡等損失額の損金不算入の適用を回避する必要があります。この点については、第2章第7節で解説します。

マヤ　親会社同士の合併と子会社同士の合併で、検討すべき内容が異なるのね。

3 三角合併

　会社法上、合併法人株式ではなく、その**100％親会社の株式**を交付する三角合併を行うことがあります。法人税法上、このような三角合併についても、金銭等不交付要件に抵触しないように整備されています[*1]。

＊1　被合併法人の株主に合併法人株式または合併親法人株式のいずれか一方の株式または出資以外の資産が交付されない場合に金銭等不交付要件を満たすものとしたうえで、合併親法人株式の定義を、①合併の直前に合併法人と親法人との間に、当該親法人による完全支配関係があり、かつ、②当該合併後に当該合併法人と当該親法人との間に当該親法人による完全支配関係が継続することが見込まれている場合における当該親法人の株式または出資としています（法令4の3①）。

三角合併

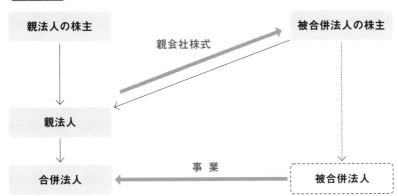

4 現金交付型合併

　会社法上、現金交付型合併も認められています。平成29年度税制改正により、合併法人が被合併法人の発行済株式総数の**3分の2以上を直接に保有**している場合には、金銭等不交付要件が課されなくなりました。そのため、このような現金交付型合併についても、他の要件を満たす場合には、適格合併に該当させることができます。

サトウ先生

現金交付型合併は、株式譲渡方式により買収した後に吸収合併を行う場合に利用されています。
通常であれば、株式譲渡方式により発行済株式の全部を取得してから吸収合併をしたいのですが、株式を譲渡してくれない少数株主がいたり、連絡のつかない少数株主がいたりするからです。

5 おわりに

　本節では、吸収合併方式について解説しました。本節で解説した事案は、上場会社同士または上場準備会社同士の統合で行われることが多いと思われます。

　親会社同士の統合は共同事業を行うための合併に該当し、その子会社同士の統合はグループ内の合併に該当するという点に注意しましょう。

☼ CHALLENGE!

子会社同士の合併を行う場合において、合併法人に繰越欠損金が多額にあり、被合併法人に繰越欠損金がないときに、繰越欠損金の使用制限を受けてしまうことがあります。
このような場合に、どのようにしたら合併法人の繰越欠損金に使用制限が課されないようにすることができるでしょうか。考えてみましょう。

第11節 合弁会社を作りましょう
〜共同新設分割、吸収分割、二段階組織再編成〜

マヤ

札幌フードと小樽フードが合弁会社を作るらしいね。札幌フードの給食部門、札幌給食（札幌フードの子会社）、小樽給食（小樽フードの子会社）の3つを統合したいみたいなんだ。

ユウタ

サトウ先生に来た相談はそこなんだよ。札幌給食と小樽給食を統合するだけだったら、まだよかったんだけど、札幌フードの給食部門も統合することになってしまった。
札幌フードと小樽フードが合弁会社の株式を50％ずつ持つことになるから、札幌フードの給食部門がグループ外に行ってしまう。単純に考えると共同事業要件を満たすしかないけど、本当に共同事業要件が満たせるんだろうか？

コウジ

たしかに、それは問題だよね。札幌フードの給食部門を小樽給食に吸収分割すればよいのかもしれないけど、札幌フードの取締役を小樽給食に送り込むつもりはなく、札幌給食と小樽給食の取締役がそのまま残るみたい。
札幌フードの給食部門は小さいけど、不動産の含み益が大きいから、何とか共同事業要件を満たしたいようだけど、事業規模要件は絶対に満たせない。一体、どうしたらいいんだろう？

サトウ
先生

実務上、一方の法人が他方の法人を買収する事案だけでなく、合弁会社に事業を統合するという話もあります。どちらかが過半数を取得する場合もあれば、50％ずつ保有する場合もあります。
そのための手法としてはいくつか考えられますが、札幌フードのように、親会社の一部門と子会社が合弁会社に吸収されることがあります。このような場合には、二段階組織再編成が行われるケースがみられます。

1 　共同新設分割

　新設分割とは、1または2以上の株式会社または合同会社がその事業に関して有する権利義務の全部または一部を分割により設立する会社に承継させることをいいます（会社法2三十）。そのため、**2社以上の法人を分割法人とする共同新設分割**により合弁会社を設立することがあります。

　この場合には、一方の法人と他方の法人との間に支配関係がないため、**共同事業を行うための適格分割**に該当するかどうかを検討します。

＊1　たとえば、一方の法人からの吸収分割を行った後に、他方の法人からの吸収分割を行った場合には、一方の法人からの吸収分割は事業関連性要件を満たせないことから非適格分割になってしまいますが、他方の法人からの吸収分割を行う段階では、分割承継法人に事業があることから、他方の法人からの吸収分割は事業関連性要件を満たすことが可能になります。

共同新設分割

　　一方の法人　　　　　　　　　　　　　　他方の法人

　　　　新設分割　　　分割承継法人　　　新設分割

サトウ先生

分割承継法人に移転する事業が許認可事業である場合において、新設分割により許認可を移転できないときは、ペーパー会社を設立し、当該ペーパー会社に許認可を取得させてから共同吸収分割を行うことがあります。そして、共同吸収分割を行った場合において、事業関連性要件を満たすためには、分割法人の分割事業と分割承継法人の分割承継事業とが、相互に関連している必要があります（法令4の3⑧一）。すなわち、共同新設分割から共同吸収分割に変わったことにより、ペーパー会社である分割承継法人との間で事業関連性要件の判定を行う必要がありますが、ペーパー会社であることから、事業関連性要件を満たせないという説が有力です*1。

2 吸収分割

　吸収分割とは、株式会社または合同会社がその事業に関して有する権利義務の全部または一部を分割後他の会社に承継させることをいいます（会社法2二十九）。

　一方の法人の一部門と他方の法人の子会社を統合する場合には、**一方の法人を分割法人とし、他方の法人の子会社を分割承継法人とする吸収分割**を行うことで、当該他方の法人の子会社を合弁会社にすることができます。

　この場合には、分割法人と分割承継法人との間に支配関係がないため、**共同事業を行うための適格分割**に該当するかどうかを検討します。

3 吸収合併

　吸収合併とは、会社が他の会社とする合併であって、合併により消滅する会社の権利義務の全部を合併後存続する会社に承継させるものをいいます（会社法2二十七）。

　一方の法人の子会社と他方の法人の子会社を統合する場合には、**一方の法人の子会社を被合併法人とし、他方の法人の子会社を合併法人とする吸収合併**を行うことで、当該他方の法人の子会社を合弁会社にすることができます。

　この場合には、被合併法人と合併法人との間に支配関係がないため、**共同事業を行うための適格合併**に該当するかどうかを検討します。

吸収合併

合弁後の保有比率を50％ずつにするためには、吸収合併の前に増資をしたり、配当をしたりして、株価を調整する必要があるかもね。

4 吸収分割+吸収合併

　札幌フードと小樽フードの事例のように、札幌フードの給食部門、札幌給食および小樽給食を統合する場合には、札幌フードから小樽給食に対して**吸収分割**を行い、札幌給食と小樽給食が**吸収合併**を行うという手法が考えられます。

吸収分割+吸収合併

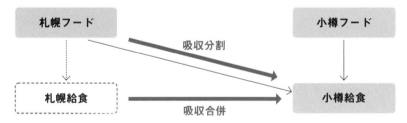

　この場合には、札幌フードと小樽給食との間に資本関係がないため、札幌フードから小樽給食への吸収分割については、**共同事業を行うための適格分割**に該当するかどうかを検討します。

　そして、札幌給食と小樽給食との間に資本関係がないため、札幌給食と小樽給食の吸収合併については、**共同事業を行うための適格合併**に該当するかどうかを検討します。

5 二段階組織再編成

さらに、札幌フードから札幌給食に対して**吸収分割**を行った後に、札幌給食と小樽給食の**吸収合併**を行うという手法もあります。

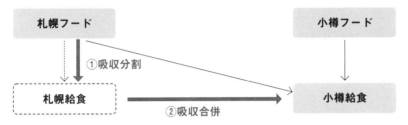

吸収分割+吸収合併

札幌フード → ①吸収分割 → 札幌給食 → ②吸収合併 → 小樽給食

小樽フード → 小樽給食

この場合には、札幌給食と小樽給食との間に資本関係がないため、札幌給食と小樽給食の吸収合併については、**共同事業を行うための適格合併**に該当するかどうかを検討します。

そして、分割の直前に、札幌フードと札幌給食の間に完全支配関係が成立していることから、札幌フードから札幌給食への吸収分割については、**完全支配関係内の適格分割**に該当するかどうかを検討します。

完全支配関係が継続していないように思われるかもしれませんが、分割承継法人が適格合併により解散することが見込まれている場合には、**適格合併の直前**まで完全支配関係が継続していればよいという特例が認められています（法令4の3⑥一ロ）[*2][*3]。

そのため、札幌給食と小樽給食の吸収合併が適格合併に該当すれば、札幌フードから札幌給食への吸収分割も適格分割に該当させることが可能になるのです。

マヤ 札幌給食が合併法人になってしまうと、札幌フードと札幌給食の間の完全支配関係、支配関係が継続しないし、札幌給食が適格合併で解散しているわけでもないから、二段階組織再編成の特例も適用できない。小樽給食を合併法人にするのがポイントということだね。

*2　不動産取得税には、二段階組織再編成の特例が規定されていないため、札幌フードから札幌給食に対して吸収分割により移転した不動産については、従業者従事要件および事業継続要件を満たさないことを理由として、不動産取得税が課されてしまいます（本章第7節参照）。ただし、合併により小樽給食に不動産を移転する際には、不動産取得税は課されません。
*3　札幌フードが適格合併により解散することが見込まれている場合には、適格合併後に合併法人による完全支配関係の継続が要求されています。このように、二段階組織再編成の特例は複雑ですので、常に条文を確認するようにしましょう。

6 おわりに

　本節では、合弁会社の設立方法について解説しました。合弁会社の設立方法を変えるだけで、税制適格要件の判定方法が変わるということが分かったと思います。

　含み損がある場合には、非適格組織再編成で合弁会社を設立したいという場合もありますが、一般的には、適格組織再編成で合弁会社を設立しようとするため、税制適格要件の判定を間違えないようにしましょう。

C HALLENGE!

本節では、許認可事業を合弁会社に移転する場合において、共同新設分割ではなく、共同吸収分割に該当することで、非適格分割に該当してしまうという話がありました。

それでは、合弁会社を設立した後に、一方の法人が発行済株式総数の60%を保有し、他方の法人が発行済株式総数の40%を保有する場合はどうでしょうか。考えてみましょう。

合弁会社設立後

第12節 そちらで何とかしておいて…
～スクイーズアウト～

コウジ

サトウ先生のところに、スクイーズアウトの仕事がたくさん来ているね。スクイーズアウトって、少数株主から強制的に株式を買い取るだけの制度だよね。株価算定以外に、税務上の論点なんかあるのかな？

マヤ

たしか、株式交換・移転は、組織再編税制の一部になっていたよね（本章第8節、第9節）。スクイーズアウトも、強制的に100％子会社にする方法なんだから、きっと、株式交換・移転と同じように、組織再編税制で規定されているんじゃないかな？

ユウタ

そうなると、買収会社がスクイーズアウトを行ったら、支配関係内のスクイーズアウトに該当して、被買収会社の支配株主がスクイーズアウトを行ったら、非適格スクイーズアウトに該当してしまうのかな？なんだか変な税制だよね。

サトウ
先生

マヤの言うとおり、株式交換・移転、スクイーズアウトは、組織再編税制の中で規定されています。そして、スクイーズアウト税制は、株式交換税制に足並みを揃えたため、株式交換とスクイーズアウトを総称して「株式交換等」といいます。

しかし、税制適格要件を満たすためには、スクイーズアウトの直前とスクイーズアウト後の支配関係の継続が要求されているので、ユウタの言うように、買収会社がスクイーズアウトを行った場合には税制適格要件を満たしやすいですが、被買収会社の支配株主がスクイーズアウトを行った場合には税制適格要件を満たすことができません。

そのほか、支配株主が個人である場合には異なる取扱いになります。本節では、スクイーズアウトについて学びます。

1 制度の概要

平成18年度税制改正により、**税制適格要件を満たさない株式交換・移転**[*1]を行った場合には、完全子法人[*2]の保有する**資産の含み損益**を益金の額または損金の額に算入することになりました（法法62の9①）。

さらに、平成29年度税制改正により、スクイーズアウトにより少数株主を締め出した場合であっても、株式交換を行った場合と同様に、**税制適格要件を満たさない事案**は、**時価評価課税**の対象になりました（法法62の9）。

＊1　完全支配関係のある法人間で行われる株式交換・移転を除きます。
＊2　株式交換完全子法人と株式移転完全子法人を総称したうえで、完全子法人と表記しています。なお、後述するスクイーズアウトにより100％子会社になる法人についても完全子法人と表記しています。

2 現金交付型株式交換

会社法上、株式交付型株式交換だけではなく、現金交付型株式交換も認められています。

平成29年度税制改正により、株式交換完全親法人が株式交換完全子法人の発行済株式総数の**3分の2以上を直接に保有**している場合には、金銭等不交付要件が課されなくなりました。そのため、このような現金交付型株式交換についても、他の要件を満たす場合には、適格株式交換に該当させることができます。

そして、実務上、現金交付型株式交換に先立って、**被買収会社の株主総会の特別決議**（会社法309②十二）を支配できるようにするために、買収会社が被買収会社の発行済株式総数の**3分の2以上の株式**を取得することが一般的です。

実務上、買収会社側が株式交換を行う場合には、**支配関係が継続することが見込まれている**ことがほとんどだと思われます。そのため、株式交換の直前に支配関係が成立し、株式交換後に支配関係が継続することが見込まれていることから、支配関係内の株式交換に該当します。

その結果、**従業者従事要件**および**事業継続要件**を満たせば、税制適格要件を充足することができるのです。

3 買収会社がスクイーズアウトを行う場合

現在の会社法では、以下の手法により、少数株主を締め出すことが認められています（本書では、これらの手法を**スクイーズアウト**と総称します）。

① 全部取得条項付種類株式*3

② **株式併合***4

③ **株式等売渡請求***5

スクイーズアウトは、完全子法人の発行済株式の全部を取得し、その対価として金銭を交付するという意味で、現金交付型株式交換と実質的に変わりません。そのため、平成29年度税制改正により、株式交換に足並みを揃えた制度になりました。

そして、スクイーズアウトにより金銭を交付したとしても、**金銭等不交付要件に抵触しない**という特例が定められています（法法2十二の十七）。

なお、いずれの手法を採用するにしても、会社法上、スクイーズアウトの前に、発行済株式総数の**3分の2以上の株式**または議決権の**90％以上の株式**を保有している必要があります（会社法179①、309②四）。そのため、スクイーズアウトに先立って、買収会社が被買収会社株式の相当部分を取得することが一般的です。

実務上、買収会社側がスクイーズアウトを行う場合には、**支配関係が継続することが見込まれている**ことがほとんどだと思われます。そのため、スクイーズアウトの直前に支配関係が成立し、スクイーズアウト後に支配関係が継続することが見込まれていることから、支配関係内の株式交換等に該当します。

その結果、**従業者従事要件**および**事業継続要件**を満たせば、税制適格要件を充足することができるのです。

*3 株主総会の特別決議により株式の全部を取得することができる旨が定款に定められた種類株式をいいます（会社法108①七、309②三）。そして、全部取得条項付種類株式を利用した手法とは、株式併合と同様に、株主総会の特別決議により、1株に満たない端数にしたうえで、キャッシュ・アウトする手法をいいます。この手法は、平成26年改正前会社法の時代では、株式併合の代替的な手法として利用されていましたが、平成26年改正会社法が施行された後には、ほとんど利用されなくなりました。

*4 株式併合を利用した手法とは、株式総会の特別決議により、1株に満たない端数にしたうえで、キャッシュ・アウトする手法をいいます（会社法180②、309②四）。たとえば、100株を1株にする株式併合を行った場合には、100株未満の株式しか保有していない少数株主を締め出すことが可能になります。

*5 厳密には、「特別支配株主の株式等売渡請求」といいます。そして、株式等売渡請求を利用した手法とは、特別支配株主（原則として、対象会社の議決権を90％以上保有する株主）が、他の株主全員に対して売渡しを請求する手法をいいます（会社法179①）。

4 被買収会社の支配株主がスクイーズアウトを行う場合

(1) 被買収会社の支配株主が法人である場合

　被買収会社の支配株主がスクイーズアウトを行う場合には、スクイーズアウト後に被買収会社株式を買収会社に譲渡することから、支配関係が継続することが見込まれていないため、**非適格株式交換等**に該当してしまいます。

(2) 被買収会社の支配株主が個人である場合

　会社法上、株式交換と異なり、スクイーズアウトの手法は、支配株主が法人ではなく、個人の場合であっても利用することが認められています。

　しかし、法人税法2条12号の16に規定される株式交換等は、スクイーズアウトにより、**法人との間に完全支配関係を有することとなるもの**に限定されています。そのため、支配株主が個人である場合には、そもそも**株式交換等に該当しない**ことから、税制適格要件を検討するまでもなく、時価評価課税の対象にはなりません。

スクイーズアウト税制

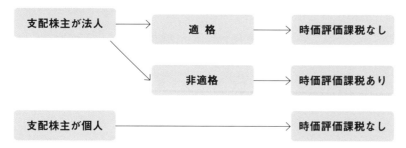

支配株主が個人であれば、時価評価課税はないんだね。

5 スクイーズアウトを行ってから逆さ合併をする場合

　平成31年改正前法人税法では、スクイーズアウトを行った後に、買収会社を被合併法人とし、被買収会社を合併法人とする適格合併を行うことが見込まれている場合には、支配関係の継続が見込まれていないことを理由として、非適格株式交換等に該当してしまうという問題がありました。

　しかし、平成31年度税制改正により、①買収会社を被合併法人とし、被買収会社を合併法人とする適格合併、②被買収会社を被合併法人とし、買収会社を合併法人とする適格合併のいずれであっても、スクイーズアウトにおける税制適格要件の判定上、**適格合併の直前まで支配関係が継続することが見込まれていれば**、グループ内の株式交換等に該当することになりました。

6 おわりに

　本節では、スクイーズアウトについて解説しました。

　買収会社がスクイーズアウトを行う場合には、非適格株式交換等に該当することはほとんどありませんが、被買収会社の支配株主がスクイーズアウトを行う場合には、非適格株式交換等に該当することもあるため、注意しましょう。

CHALLENGE!

たとえば、従業者および事業のない資産管理会社が事業会社を支配している場合において、買収会社が資産管理会社を買収することにより、実質的に事業会社を買収することを検討しているとします。

この場合に、スクイーズアウトを行ってしまうと、資産管理会社に従業者および事業がないことから、従業者従事要件および事業継続要件を満たすことができず、資産管理会社の保有する資産に対する時価評価課税が課されてしまいます。

このような場合に、税制適格要件を満たすためには、どのようにしたらよいでしょうか。考えてみましょう。

資産管理会社の買収

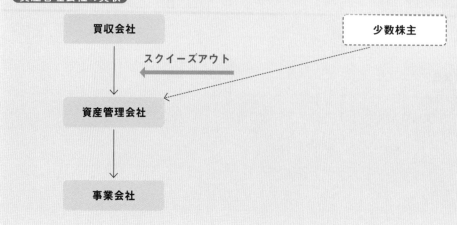

第 **2** 章

実務での利用方法

本章では、第1章で解説したM＆A税務の知識を用いて、実務でどのように
M＆Aストラクチャーの設計をしていくのかという点について解説し
ます。

第1章でも述べたように、M＆A税務においては、みなし配当や株式譲渡損益
といった基本的な事項に対する理解が最も重要になります。そして、支配株主が
個人である場合と法人である場合とで大きく税務上の取扱いが変わってくるとい
う点に注意しましょう。

第 **1** 節 みなし配当は大変だ…
~オーナー企業の買収~

ユウタ

最近、M&Aが増えているよね。監査法人に就職したら、いずれはFAS*1 の仕事をしたいと思っているから、今から楽しみだよ。
監査法人に努めている先輩に聞いたら、オーナー企業を買収する事案もあるみたいなんだ。税務上は、どんな論点があるんだろう？

マヤ

やっぱり、株主が個人だから、所得税の検討をしないといけないんじゃないかな？株式を譲渡すると譲渡所得が発生するから、分離課税で約20％の税金か…。そんなに問題があるとは思えないんだけど。

コウジ

でもさ、ベンチャー企業とかだと、譲渡代金を次のビジネスに投資するだろうし、事業承継M&A*2 だと、譲渡代金が相続の対象になるだろうし、ひょっとしたら、個人じゃなくて、法人が譲渡代金を受け取りたいって話もあるかもしれないよ。

サトウ先生

第1章第1節で解説したように、M&Aには様々な手法がありますが、大きく、①株式を譲渡する手法と②事業を譲渡する手法の2つに分けられます。
コウジの言うように、法人が譲渡代金を受け取りたい場合には、②事業を譲渡する手法を選択するので、所得税ではなく、法人税の議論になります。
これに対し、個人が譲渡代金を受け取りたい場合には、①株式を譲渡する手法を選択することもできますし、②事業を譲渡する手法を選択することもできます。事業譲渡を行った後に清算をすれば、清算分配金を受け取ることができるため、②事業を譲渡する手法であっても、個人が譲渡代金を受け取れるからです。

1 一般的なM&A手法

第1章第1節で解説したように、M&Aには様々な手法があります
が、①**株式を譲渡する手法**と②**事業を譲渡する手法**の2つに大きく
分けられます。

＊1 フィナンシャル・ア
ドバイザリー・サービス
＊2 後継者がいないこ
とを理由として行われる
M&Aのことをいいます。

このうち、①株式を譲渡する手法としては、株式譲渡、株式交換
および株式移転が挙げられますが、被買収会社の株主からすると、
買収会社の株式ではなく、金銭を取得したいことが多いことから、
株式譲渡が一般的です。

これに対し、②事業を譲渡する手法としては、事業譲渡、会社分
割および吸収合併が挙げられますが、被買収会社からすると、買収
会社の株式ではなく、金銭を取得したいことが多いことから、**事業
譲渡**と**会社分割**が一般的です。

第1章第7節で解説したように、事業譲渡方式と会社分割方式に
おける法人税法上の取扱いはほとんど変わりません。そのため、以
下では、基本的なケースである株式譲渡方式と事業譲渡方式につい
てのみ解説します。

2 株式譲渡方式のメリット

本節では、最も単純なM&Aの目的である、**すべての資産および
負債を買収会社に譲渡する場合**について解説します。

なお、事業譲渡方式の場合には、被買収会社の株主ではなく、被
買収会社に事業譲渡代金が入金されるため、被買収会社を清算する
ことにより、被買収会社の株主が清算分配金を受け取ることを想定
しています。

また、議論を単純化させるために、法人税の実効税率を30％と
し、配当所得に対する所得税の実効税率を50％であると仮定しま
す。

【具体例】

〈前提条件〉

被買収会社の貸借対照表 (単位：百万円)

	税務簿価	時 価		税務簿価	時 価
資 産	11,000	11,000	負 債	8,000	8,000
資産調整勘定	0	6,000	純資産 ※	3,000	9,000
合 計	11,000	17,000	合 計	11,000	17,000

※純資産の内訳

	税務簿価	時 価
資本金	50	50
資本準備金	50	50
利益剰余金	2,900	8,900
純資産	3,000	9,000

- ・ 被買収会社の株主は個人株主1人です（日本の居住者）。
- ・ 個人株主の給与所得が多額であり、追加的な課税所得に係る課税はすべて最高税率（配当控除後で約50％）が課されます。
- ・ 被買収会社の株主が保有する被買収会社株式の取得価額は100百万円です。
- ・ 被買収会社株式の譲渡価額は9,000百万円です。

Question **法人税、住民税、事業税および所得税の課税関係**

　被買収会社および買収会社で発生する法人税、住民税および事業税、被買収会社の株主で発生する所得税および住民税の課税関係を検討してください。

(イ)被買収会社側の税負担

	株式譲渡方式	事業譲渡方式
被買収会社		
被買収会社の株主		
合 計		

(ロ)買収会社側の税負担

	株式譲渡方式	事業譲渡方式
買収会社		
事業譲受法人		
合 計		

(ハ)合 計

	株式譲渡方式	事業譲渡方式	有利不利判定
被買収会社側			
買収会社側			
合 計			

ユウタ

えっと、株式譲渡方式の場合には株式譲渡損益が発生して、事業譲渡方式の場合には事業譲渡損益が発生するはずだったような……。

ユウタの言うように、株式譲渡方式の場合には株式譲渡損益が発生し、事業譲渡方式の場合には事業譲渡損益が発生します。

ここでのポイントは、被買収会社の株主が譲渡代金を受け取りたいと思っているという点です。事業譲渡により被買収会社に入金された譲渡代金を株主に分配するには、①剰余金の配当をする、②清算分配金を交付するなどの手法が考えられますが、いずれの手法を採用したとしても、株主において配当所得が発生してしまいます。

数値分析を行う際には、含み損益が二重に発生しやすいという点に注意してください。たとえば、被買収会社が保有する資産に6,000百万円の含み益がある場合には、含み益に対する税効果を無視すると、その株主が保有する被買収会社株式にも6,000百万円の含み益が発生します。

含み損益の二重発生

被買収会社の株主　←　被買収会社株式に含み損益

↓

被買収会社　←　保有資産に含み損益

Answer 法人税、住民税、事業税および所得税の課税関係

それでは、被買収会社および買収会社で発生する法人税、住民税および事業税、被買収会社の株主で発生する所得税および住民税の課税関係を整理します。

(イ)被買収会社側の税負担

	株式譲渡方式	事業譲渡方式
被買収会社	株主が変わるだけなので、課税関係は発生しません。	事業譲渡益が6,000百万円発生します。 ⇒実効税率が30％なので、税負担は以下のとおりです。 6,000百万円×30％＝1,800百万円
被買収会社の株主	〈譲渡所得として分離課税〉 譲渡所得に対する課税 ＝(譲渡価額－譲渡原価)×20.315％ ＝(9,000百万円－450百万円)×20.315％ ＝1,736百万円	〈配当所得として総合課税〉 ①残余財産の分配額 譲渡価額－法人税等 ＝9,000百万円－1,800百万円 ＝7,200百万円 ②配当所得に対する課税 ＝(残余財産－資本金等の額)×50％ ＝(7,200百万円－100百万円)×50％ ＝3,550百万円
合 計	税負担 1,736百万円	税負担 5,350百万円

※譲渡収入に5％を乗じた金額が実際の取得費を上回っているため、譲渡収入に5％を乗じた金額を譲渡原価としています(9,000百万円×5％＝450百万円、所基通38-16)。

(ロ)買収会社側の税負担

	株式譲渡方式	事業譲渡方式
買収会社	単なる株式の取得なので、課税関係は発生しません。	
事業譲受法人		資産調整勘定6,000百万円を認識したことにより、将来の課税負担が圧縮されます。 ⇒実効税率が30％なので、税負担の軽減は以下のとおりです。 △6,000百万円×30％＝△1,800百万円
合 計	税負担 0百万円	税負担 △1,800百万円

※資産調整勘定(税務上ののれん)は、5年間の均等償却により損金の額に算入することができます(法法62の8④⑤)。

(ハ)合 計

	株式譲渡方式	事業譲渡方式	有利不利判定
被買収会社側	1,736百万円	5,350百万円	株式譲渡方式が有利
買収会社側	0百万円	△1,800百万円	事業譲渡方式が有利
合 計	1,736百万円	3,550百万円	株式譲渡方式が有利

〈総括〉

　上記のように、事業譲渡方式では、被買収会社側で多額の課税が生じるため、株式譲渡方式のほうが有利であるといえます。さらに、事業譲渡方式で生じる**不動産取得税**、**登録免許税**および**消費税**が、株式譲渡方式では生じません。そのため、多額のその他利益剰余金を有している場合や、買収価額が多額になる場合には、株式譲渡方式が有利であるということがいえます*3。

　しかしながら、第1章第4節、第6節で解説したように、M&Aのために**買収会社側が支払った付随費用**について、株式譲渡方式では損金の額に算入できないのに対し、事業譲渡方式では損金の額に算入できるため、実務上は、様々な事情を考慮してストラクチャーを検討する必要があります*4。

コウジ

大きなM&Aでは、配当所得に対する税負担がかなり大きいんだね。

*3　このような配当所得課税を逃れ、譲渡所得として認識するスキームについては、事業譲渡方式に比べ、株式譲渡方式のほうが簡便、合理的な方法であるといえることから、租税回避には該当しないと考えられます（東京高決昭和49年6月17日TAINSコードZ075-3344）。

*4　被買収会社側で支払った付随費用は、譲渡所得または事業譲渡益の減額要因となります。また、かなり細かい論点ですが、消費税法上、株式譲渡方式を採用した場合には、被買収会社の株主が課税事業者でないことが多いため、仕入税額控除の対象にならないのに対し、事業譲渡方式を採用した場合には、被買収会社が課税事業者であることが多いため、課税売上と非課税売上に共通して要するものとして、仕入税額控除の対象になることが多いと思われます。

3　役員退職慰労金の支給

（1）役員退職慰労金を支払った場合の取扱い

　被買収会社が役員退職慰労金を支払った場合には、役員退職慰労金を受け取った個人で退職所得が発生します。そして、第1章第2節で解説したように、退職所得の最高税率は**約27％**であることから、譲渡所得（**20.315％**）よりもやや高い税負担（**数％程度**）になることがほとんどです。

　これに対し、役員退職慰労金を支払った被買収会社では、原則として、支払った役員退職慰労金を損金の額に算入することができることから、他の課税所得と相殺することにより、税負担を圧縮することができます。**法人税の実効税率が約30％であることを考えると、役員退職慰労金の支払いによる節税効果は大きいと考えられます**。

(2) 株式譲渡スキームとの組み合わせ

その他利益剰余金が多額にあるオーナー企業を買収する場合には、配当所得として取り扱われるよりも、譲渡所得として取り扱われるほうが、税負担が小さくなることから、株式譲渡方式を採用することが少なくありません。

さらに、単純に株式を譲渡するのではなく、役員退職慰労金の支払いと組み合わせるという手法が考えられます。たとえば、3,000百万円で株式を譲渡するのではなく、被買収会社が500百万円の役員退職慰労金の支払いを行うことで、株式価値を2,500百万円まで引き下げてから株式を譲渡するという手法があります。

この場合には、被買収会社において、過大役員退職慰労金に該当しない限り、原則として、損金の額に算入することができるという節税メリットがあります。すなわち、500百万円の役員退職慰労金を支払った場合には、法人税の実効税率が約30％であることから、**約150百万円の節税効果**を期待することができます。

(3) 過大役員退職慰労金

法人税法上、役員退職慰労金のうち、不相当に高額なものについては、損金の額に算入することができません（法法34②）。また、適正な役員退職慰労金の金額については、実務上、**功績倍率法**により計算しているケースがほとんどです。

【功績倍率法】
役員退職慰労金の適正額
　＝ 最終報酬月額×勤続年数（1年未満切上）×功績倍率＋功労加算金

オーナー社長は、最終報酬月額も高いし、勤続年数も長いから、役員退職慰労金も多額になることが多いんだろうね。

4 　譲渡代金を受け取るのが個人でも法人でも構わない場合

(1) 譲渡代金を受け取るのが法人でも構わない理由

　コウジの言うように、ベンチャー企業の場合には、M&Aで得た資金を活用して、次のビジネスに投資することがあります。そのため、譲渡代金を個人が受け取った場合には、新しく会社を設立して、その新会社に資金を送金する必要があります。

　さらに、子が継がないことを理由として事業承継M&Aが行われた場合であっても、子への相続税を安くしたいというニーズもあります。相続税評価額の計算上、現金預金よりも、非上場株式のほうが相続税評価額を引き下げやすいことから*5、譲渡代金を個人が受け取った場合には、新しく会社を設立して、譲渡代金をその新会社の株式に付け替える必要があります。

*5　非上場株式の評価は、会社の規模によっても異なりますが、類似業種比準方式、折衷方式の利用が認められています。そのため、純資産価額方式による評価額よりも類似業種比準方式、折衷方式による評価額のほうが低い場合には、事業譲渡または会社分割により被買収会社が取得した譲渡代金を被買収会社の株主に分配しないほうが相続税対策の観点からは望ましいということがいえます。

コウジ

譲渡代金を個人が受け取りたいとは限らないんだね。

(2) 有利不利判定

　このように、譲渡代金を受け取るのが個人でも法人でも構わない場合には、**事業譲渡により被買収会社が受け取った譲渡代金を被買収会社の株主に分配させない**ことにより、被買収会社の株主において**配当所得を発生させない**ことが可能になります。

　このような場合には、配当所得のほうが有利なのか、譲渡所得のほうが有利なのかという議論は生じません。そうなると、前述の有利不利判定は、以下のように結論が変わってしまいます。

〈法人税、住民税、事業税および所得税の課税関係〉

(イ)被買収会社側の税負担

	株式譲渡方式	事業譲渡方式
被買収会社	株主が変わるだけなので、課税関係は発生しません。	事業譲渡益が6,000百万円発生します。 ⇒実効税率が30％なので、税負担は以下のとおりです。 6,000百万円×30％＝1,800百万円
被買収会社の株主	〈譲渡所得として分離課税〉 譲渡所得に対する課税 ＝(譲渡価額－譲渡原価)×20.315％ ＝(9,000百万円－450百万円)×20.315％ ＝1,736百万円	被買収会社の株主に財産が分配されないため、この時点では、何ら課税関係は生じません。
合 計	税負担　1,736百万円	税負担　1,800百万円

※資本金が100百万円以下の中小法人に対しては、大法人の子会社であるような特殊なケースを除き、同族会社等の留保金課税[6]は課されません(法法67①)。そのため、事業譲渡方式により被買収会社に利益が留保されたとしても、留保金課税の対象にはなりません。

[6]　同族会社が利益を配当せずに、会社に利益を留保することで、株主における所得税を回避するという行為に対して、同族会社等の留保金課税が規定されています。

(ロ)買収会社側の税負担

	株式譲渡方式	事業譲渡方式
買収会社	単なる株式の取得なので、課税関係は発生しません。	
事業譲受法人		資産調整勘定6,000百万円を認識したことにより、将来の課税負担が圧縮されます。 ⇒実効税率が30％なので、税負担の軽減は以下のとおりです。 △6,000百万円×30％＝△1,800百万円
合 計	税負担　0百万円	税負担　△1,800百万円

(ハ)合 計

	株式譲渡方式	事業譲渡方式	有利不利判定
被買収会社側	1,736百万円	1,800百万円	株式譲渡方式が有利
買収会社側	0百万円	△1,800百万円	事業譲渡方式が有利
合 計	1,736百万円	0百万円	事業譲渡方式が有利

〈総括〉

　このように、被買収会社側ではそれほど有利不利は変わらないものの、全体からすると事業譲渡方式が有利であるという結論になりました。

　ここで注目すべきなのは、株式譲渡方式における譲渡原価が450百万円（実際の取得費は100百万円）であり、事業譲渡方式における譲渡原価が3,000百万円であるという点です。すなわち、**利益剰余金に相当する部分の金額**だけ、事業譲渡方式における譲渡原価のほうが大きくなっています。

　もちろん、前提条件の数値が異なれば、結論も変わってくるため、被買収会社にとって、株式譲渡方式が有利な場合もあるでしょうし、事業譲渡方式が有利な場合もあるでしょう。

　しかし、事業譲渡方式の場合には、買収会社側で**資産調整勘定の償却メリットを享受することができる**ことから、全体からすれば、いずれにしても事業譲渡方式のほうが有利であるという結論になります。そのため、買収会社側における資産調整勘定の償却メリットを考慮したうえで譲渡価額を調整すれば、被買収会社側にとっても事業譲渡方式が有利になります[7]。

＊7　ただし、事業譲渡方式を採用した場合における不動産取得税、登録免許税の負担が多額である場合には、株式譲渡方式を採用するということも考えられるので、実務上は、様々な事情を考慮したうえで、総合的な検討が必要になります。

マヤ

譲渡所得のほうが法人税よりも税率が安いけど、事業譲渡益のほうが株式譲渡益よりも小さいから、被買収会社にとって、どちらが有利なのかは、ケース・バイ・ケースってことだね。

サトウ先生

オーナー企業がM&Aの対象になる場合には、先代からの相続に対して事業承継税制が適用されていることがあります。
事業承継税制が適用された法人がM&Aの対象になる場合には、猶予された相続税および利子税を支払わなければならないことがあるため、事業承継税制が適用されているかどうかを確認するようにしましょう。

5 付随費用

第1章第4節および第6節で解説したように、事業譲渡方式を採用した場合には、買収会社側において生じた付随費用を損金の額に算入することができますが、株式譲渡方式を採用した場合には、損金の額に算入することができないという違いがあります。

さらに、買収会社側または被買収会社側において生じた消費税を仕入税額控除の対象にできるかどうかという問題があります。たとえば、事業譲渡方式であれば、ほとんどの事案において、被買収会社において生じた消費税が課税資産の譲渡等と非課税資産の譲渡等に共通して要する課税仕入れとして取り扱われます。これに対し、株式譲渡方式の場合には、被買収会社の株主において生じた消費税が非課税資産の譲渡等にのみ要する課税仕入れとして取り扱われます[8]。

株式譲渡方式を採用するのか、事業譲渡方式を採用するのかで、付随費用に対する法人税および消費税の取扱いが変わってくるという点に注意しましょう。

*8 被買収会社の株主が免税事業者である場合には、非課税資産の譲渡等にのみ要する課税仕入れに該当するかどうかを検討するまでもなく、そもそも仕入税額控除の対象にすることができません。

6 おわりに

オーナー企業のM&Aでは、譲渡代金を受け取るのを個人にする必要があるのか、個人でも法人でも構わないのかにより、有利不利判定のやり方が変わってきます。

オーナー企業のM&Aでは、株式譲渡方式が望ましいかのような誤解がありますが、被買収会社側のニーズにより変わってくるという点に注意しましょう。

CHALLENGE!

被買収会社株式の相続税評価額が500百万円であるのに対し、5,000百万円で株式を譲渡できることが分かりました。この場合に、相続税対策としてどのような手法が考えられるでしょうか。考えてみましょう。

123

配当にすれば課税されない

第 **2** 節

～他の内国法人の子会社の買収～

コウジ

古川ファンドが、上場会社の子会社を買収するらしいよ。古川ファンドとしては、資産調整勘定（のれん）の償却メリットが欲しいから、会社分割方式で買収したいみたいだけど、被買収会社側で課税されてしまうから、たぶん難しいよね。

ユウタ

でもさ、株式譲渡方式を採用したって、親会社で株式譲渡益が発生してしまうじゃないか。株主が個人だと、譲渡所得よりも配当所得のほうが税率が高いということで、株式譲渡方式のほうが有利だったけど、株主が法人の場合には、どういう結論になるんだろう？

マヤ

法人税だと、受取配当等の益金不算入があったよね。ひょっとしたら、会社分割方式で買収すれば、子会社では譲渡損益が発生するけど、親会社では課税されないから、会社分割方式のほうが有利だということはあるかもしれないね。

サトウ先生

被買収会社の株主が、個人ではなく、法人である場合には、異なる視点からの検討が必要になります。本章第1節と異なり、株主に対する税金が、所得税ではなく、法人税になるからです。

コウジの言うように、事業譲渡方式または会社分割方式であれば、資産調整勘定（のれん）の償却メリットを享受することができます。いずれも時価で資産および負債を引き継ぐ手法だからです。そして、ユウタの言うように、株式譲渡方式の場合には、株式譲渡益が発生しますが、所得税のように、特段、安い税率になるというわけではありません。

マヤの指摘は鋭いですね。受取配当等の益金不算入が適用できるというのが、この節のポイントになります。

1 受取配当等の益金不算入

　内国法人が他の内国法人から配当金を受領した場合には、**受取配当等の益金不算入**の適用があります。ここでいう「益金不算入」とは、収益から除外して、法人税の課税所得の計算を行うという意味です。この制度は、他の内国法人で課税済みである「その他利益剰余金」の分配を受けることから、二重課税を回避するために設けられた制度です。詳細については、第1章第2節をご参照ください。

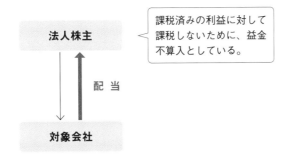

受取配当等の益金不算入

法人株主

課税済みの利益に対して
課税しないために、益金
不算入としている。

配　当

対象会社

2 のれんのある会社の買収

　本章第1節と同様に、ここでは最も単純なM&Aの目的である**すべての資産および負債を買収会社に譲渡する場合**について解説します。なお、古川ファンドは、会社分割方式による買収を検討していますが、会社分割方式と事業譲渡方式の法人税法上の取扱いは変わらないので、本章第1節と同様に、株式譲渡方式と事業譲渡方式を比較します。

【具体例】

〈前提条件〉

被買収会社の貸借対照表　　　　　　　　　　　　　　　　　　　（単位：百万円）

	税務簿価	時　価		税務簿価	時　価
資　産	11,000	11,000	負　債	8,000	8,000
資産調整勘定	0	6,000	純資産 ※	3,000	9,000
合　計	11,000	17,000	合　計	11,000	17,000

※ 純資産の内訳

	税務簿価	時 価
資本金	50	50
資本準備金	50	50
利益剰余金	2,900	8,900
純資産	3,000	9,000

- ・ 被買収会社の株主は法人株主1人です（日本の内国法人）。
- ・ 被買収会社の株主が保有する被買収会社株式の帳簿価額は100百万円です。
- ・ 被買収会社株式の譲渡価額は9,000百万円です。
- ・ 被買収会社の株主は、被買収会社の発行済株式の全部を保有しているため、受取配当金の全額に対して受取配当等の益金不算入を適用することができます（法法23①⑤）。

Question 法人税、住民税および事業税の課税関係

被買収会社、買収会社および被買収会社の株主で発生する法人税、住民税および事業税の課税関係を検討してください。

（イ）被買収会社側の税負担

	株式譲渡方式	事業譲渡方式
被買収会社		
被買収会社の株主		
合 計		

(ロ)買収会社側の税負担

	株式譲渡方式	事業譲渡方式
買収会社		
事業譲受法人		
合 計		

(ハ)合 計

	株式譲渡方式	事業譲渡方式	有利不利判定
被買収会社側			
買収会社側			
合 計			

ユウタ

株式譲渡方式の場合には株式譲渡損益が発生して、事業譲渡方式の場合には事業譲渡損益が発生して、それに受取配当等の益金不算入を加味すればいいのかな？

サトウ
先生

ユウタの言うように、株式譲渡方式の場合には株式譲渡損益が発生し、事業譲渡方式の場合には事業譲渡損益が発生します。
ここでのポイントは、本章第1節と異なり、被買収会社の株主において受取配当等の益金不算入が適用できるという点です。
本章第1節で解説したように、数値分析を行う際には、含み損益が二重に発生しやすいという点に注意してください。たとえば、被買収会社が保有する資産に6,000百万円の含み益がある場合には、含み益に対する税効果を無視すると、その株主が保有する被買収会社株式にも6,000百万円の含み益が発生します。そうなると、被買収会社側では、被買収会社が保有する資産の含み益に対する課税から逃れられないということになります。

Answer 法人税、住民税および事業税の課税関係

　それでは、被買収会社、買収会社および被買収会社の株主で発生する法人税、住民税および事業税の課税関係を整理します。

〈法人税、住民税および事業税の課税関係〉
(イ)被買収会社側の税負担

	株式譲渡方式	事業譲渡方式
被買収会社	株主が変わるだけなので、課税関係は発生しません。	事業譲渡益が6,000百万円発生します。 ⇒実効税率が30%なので、税負担は以下のとおりです。 6,000百万円×30%＝1,800百万円
被買収会社の株主	株式譲渡益に対して課税されます。 ⇒実効税率が30%なので、税負担は以下のとおりです。 (譲渡価額－譲渡原価)×30% ＝(9,000百万円－100百万円)×30% ＝2,670百万円	受取配当等の益金不算入により課税されません。
合計	税負担　2,670百万円	税負担　1,800百万円

(ロ)買収会社側の税負担

	株式譲渡方式	事業譲渡方式
買収会社	単なる株式の取得なので、課税関係は発生しません。	
事業譲受法人		資産調整勘定6,000百万円を認識したことにより、将来の課税負担が圧縮されます。 ⇒実効税率が30%なので、税負担の軽減は以下のとおりです。 △6,000百万円×30%＝△1,800百万円
合計	税負担　0百万円	税負担　△1,800百万円

(ハ)合 計

	株式譲渡方式	事業譲渡方式	有利不利判定
被買収会社側	2,670百万円	1,800百万円	事業譲渡方式が有利
買収会社側	0百万円	△1,800百万円	事業譲渡方式が有利
合 計	2,670百万円	0百万円	事業譲渡方式が有利

　このように、事業譲渡方式の場合には、被買収会社では課税されますが、被買収会社の株主では、受取配当等の益金不算入により課税されていません。すなわち、ユウタの言うように、株式譲渡方式であれば、被買収会社の株主において株式譲渡益として課税され、事業譲渡方式であれば、被買収会社において事業譲渡益として課税されるので、**いずれの手法でも課税される**ことになります。

　いずれの手法でも被買収会社側で課税されるにもかかわらず、事業譲渡方式だけが買収会社側において**資産調整勘定**を認識することができるため、事業譲渡方式のほうが有利な結果になっています[*1]。

　しかし、実務上は、不動産取得税、登録免許税および消費税などの流通税を含めた総合的な判定が必要になります（第1章第2節参照）。

*1　このような株式譲渡益課税を逃れ、受取配当等の益金不算入を適用するスキームは、受取配当等の益金不算入が二重課税の排除を目的とした規定であることから、その制度趣旨の範囲内で行われているものであれば、租税回避には該当しないと考えられます。

　受取配当等の益金不算入の効果って、大きいんだね。

3 土地に含み益がある会社の買収

　ここでは、含み益の原因が土地であるケースについて解説します。含み益の原因が土地である場合には、のれん（資産調整勘定）と異なり、買収会社側で償却メリットを享受することができないという違いがあります。具体的には以下の事例をご参照ください。

【具体例】

〈前提条件〉

被買収会社の貸借対照表　　　　　　　　　　　　　　　　（単位：百万円）

	税務簿価	時　価		税務簿価	時　価
資　産	10,000	10,000	負　債	8,000	8,000
土　地	1,000	7,000	純資産 ※	3,000	9,000
合　計	11,000	17,000	合　計	11,000	17,000

※　純資産の内訳

	税務簿価	時　価
資本金	50	50
資本準備金	50	50
利益剰余金	2,900	8,900
純資産	3,000	9,000

- ・　被買収会社の株主は法人株主1人です（日本の内国法人）。
- ・　被買収会社の株主が保有する被買収会社株式の帳簿価額は100百万円です。
- ・　被買収会社株式の譲渡価額は9,000百万円です。
- ・　被買収会社の株主は、被買収会社の発行済株式の全部を保有しているため、受取配当金の全額に対して受取配当等の益金不算入を適用することができます（法法23①⑤）。
- ・　買収会社では、被買収会社が保有している土地を譲渡する予定はありません。

〈法人税、住民税および事業税の課税関係〉

（イ）被買収会社側の税負担

	株式譲渡方式	事業譲渡方式
被買収会社	株主が変わるだけなので、課税関係は発生しません。	事業譲渡益が6,000百万円発生します。 ⇒実効税率が30％なので、税負担は以下のとおりです。 6,000百万円×30％＝1,800百万円
被買収会社の株主	株式譲渡益に対して課税されます。 ⇒実効税率が30％なので、税負担は以下のとおりです。 （譲渡価額−譲渡原価）×30％ ＝（9,000百万円−100百万円）×30％ ＝2,670百万円	受取配当等の益金不算入により課税されません。
合 計	税負担　2,670百万円	税負担　1,800百万円

（ロ）買収会社側の税負担

	株式譲渡方式	事業譲渡方式
買収会社	単なる株式の取得なので、課税関係は発生しません。	
事業譲受法人		土地を譲渡する予定がないことから、事業譲受法人において、節税メリットがないものとします。
合 計	税負担　0百万円	税負担　0百万円

（ハ）合 計

	株式譲渡方式	事業譲渡方式	有利不利判定
被買収会社側	2,670百万円	1,800百万円	事業譲渡方式が有利
買収会社側	0百万円	0百万円	有利不利なし
合 計	2,670百万円	1,800百万円	事業譲渡方式が有利

　このように、被買収会社の含み益の原因が資産調整勘定（のれん）ではなく、土地であったとしても、事業譲渡方式のほうが有利になりました。これは、事業譲渡方式の場合には、被買収会社が保有している資産の含み益だけに課税されるのに対し、株式譲渡方式の場合には、被買収会社における**課税済みの利益**である「その他利益剰余金（2,900百万円）」にも課税されてしまい、870百万円（2,900百万円×30％）の税負担の追加が発生するからです。

含み益の原因が土地である場合であっても、株式譲渡方式であれば、土地の取得価額が1,000百万円であるのに対し、事業譲渡方式であれば、土地の取得価額が7,000百万円に引き上げられる効果をどのように考えるのかが問題になります。

買収会社において、被買収会社が保有している土地を譲渡する予定はなかったとしても、譲渡する可能性がある場合には、将来、土地を譲渡した場合の課税上の取扱いを考慮せざるを得ないからです。

このような場合には、事業譲渡方式により、事業譲受法人で土地の取得価額を引き上げることができるメリットも考慮する必要があります。

4 株式譲渡前に多額の配当を行う手法

(1) 株式譲渡方式と配当後株式譲渡方式との比較

　前述のように、事業譲渡方式のほうが有利であったのは、被買収会社の株主で発生する株式譲渡益をみなし配当へ振り替えることができるからです。

　そのため、類似の効果を出すために、株式譲渡前に被買収会社が分配可能額の全額を配当することで株式譲渡益を圧縮し、受取配当金へ振り替えるという手法も一般的に行われています。

　❷「のれんのある会社の買収」の前提条件において、通常の株式譲渡方式と分配可能額の全額（2,900百万円）の配当を事前に行う株式譲渡方式に係る税務上の影響額を比較すると、以下のようになります。

〈法人税、住民税および事業税の課税関係〉

(イ)被買収会社側の税負担

	株式譲渡方式（配当なし）	株式譲渡方式（配当あり）
被買収会社	株主が変わるだけなので、課税関係は発生しません。	同　左
被買収会社の株主	株式譲渡益に対して課税されます。 ⇒実効税率が30％なので、税負担は以下のとおりです。 （譲渡価額－譲渡原価）×30％ ＝（9,000百万円－100百万円）×30％ ＝2,670百万円	左記のうち、2,900百万円に対して受取配当等の益金不算入の適用を受けます。 したがって、税負担は以下のとおりです。 （譲渡価額－譲渡原価）×30％ ＝（9,000百万円－2,900百万円－100百万円）×30％ ＝1,800百万円
合　計	税負担　2,670百万円	税負担　1,800百万円

(ロ)買収会社側の税負担

	株式譲渡方式（配当なし）	株式譲渡方式（配当あり）
買収会社	単なる株式の取得なので、課税関係は発生しません。	同　左
合　計	税負担　0百万円	税負担　0百万円

(ハ)合　計

	配当なし	配当あり	有利不利判定
被買収会社側	2,670百万円	1,800百万円	配当をした方が有利
買収会社側	0百万円	0百万円	有利不利なし
合　計	2,670百万円	1,800百万円	配当をした方が有利

〈総括〉

　このように、株式を譲渡する前にその他利益剰余金の配当をしたほうが、法人税、住民税および事業税の負担が少ないということがいえます。

許認可の関係で事業譲渡ができない場合や不動産取得税、登録免許税の負担が大きい場合には、配当をした後に株式を譲渡する手法はメリットがあるのかもしれないね。

(2) 配当後株式譲渡方式と事業譲渡方式との比較

　上記のとおり、同じ株式譲渡方式であっても、事前に配当をすることにより課税所得を圧縮することができます。

　ここではさらに、被買収会社が配当をしてから株式を譲渡する方式と事業譲渡方式を比較します。

〈法人税、住民税および事業税の課税関係〉

(イ)被買収会社側の税負担

	株式譲渡方式（配当あり）	事業譲渡方式
被買収会社	株主が変わるだけなので、課税関係は発生しません。	事業譲渡益が6,000百万円発生します。 ⇒実効税率が30％なので、税負担は以下のとおりです。 6,000百万円×30％＝1,800百万円
被買収会社の株主	株式譲渡益に対して課税されます。 ⇒実効税率が30％なので、税負担は以下のとおりです。 （譲渡価額－譲渡原価）×30％ ＝（9,000百万円－2,900百万円－100百万円）×30％ ＝1,800百万円	受取配当等の益金不算入により課税されません。
合　計	税負担　1,800百万円	税負担　1,800百万円

(ロ)買収会社側の税負担

	株式譲渡方式（配当あり）	事業譲渡方式
買収会社	単なる株式の取得なので、課税関係は発生しません。	
事業譲受法人		資産調整勘定6,000百万円を認識したことにより、将来の課税負担が圧縮されます。 ⇒実効税率が30％なので、税負担の軽減は以下のとおりです。 △6,000百万円×30％＝△1,800百万円
合　計	税負担　0百万円	税負担　△1,800百万円

(ハ) 合 計

	株式譲渡方式(配当あり)	事業譲渡方式	有利不利判定
被買収会社側	1,800百万円	1,800百万円	有利不利なし
買収会社側	0百万円	△1,800百万円	事業譲渡方式が有利
合 計	1,800百万円	0百万円	事業譲渡方式が有利

〈結論〉

　このように、**被買収会社において資産調整勘定の含み益がある**ということは、**被買収会社の株主が保有している被買収会社株式に含み益がある**ことを意味します。

　そして、株式譲渡方式の場合には、未実現利益に相当する金額を配当することができません（1,800百万円＝6,000百万円×30％）。そのため、株式譲渡方式であったとしても、事業譲渡方式であったとしても、被買収会社側における税負担は変わりません。

　これに対し、事業譲渡方式の場合には、被買収会社で資産調整勘定の含み益に対して課税されても、買収会社側で**資産調整勘定の償却による節税メリット**を享受することができます。そのため、事業譲渡方式のほうが有利であると考えられます。

　しかし、実務上は、不動産取得税、登録免許税および消費税などの流通税を含めた総合的な判定が必要になります（第1章第2節参照）。

マヤ

株式譲渡方式であっても、事業譲渡方式であっても、被買収会社側は課税から逃れられないんだね。

5 おわりに

　このように、本章第1節と異なり、被買収会社の株主において受取配当等の益金不算入を適用することができることから、事業譲渡方式のほうが有利であるという結論になりました。

　M&Aというと、組織再編税制を意識してしまいがちですが、受取配当等の益金不算入といった基礎的な内容が、ストラクチャーの設計に大きな影響を与えているということが分かります。

CHALLENGE!

世界には様々な税制があります。たとえば、A国と日本の租税条約において、A国法人が日本法人株式を譲渡したとしても、日本で株式譲渡益が課税されず、さらに、A国の国内法においても株式譲渡益が課税されない事案もあります。このような場合には、**2**「のれんのある会社の買収」の結論はどのように変わるでしょうか。考えてみましょう。

第 **3** 節 # 欠損金は残してね
～債務超過会社の買収～

ユウタ

大野不動産の大野社長が、田村リゾートを買収するみたいだよ。繰越欠損金が10,000百万円もあるから、それをうまく使いたいらしいんだ。でも、9,000百万円の債務超過だから、債務免除を受けると債務免除益が発生してしまう。一体、どうしたらいいんだろう？

コウジ

会社分割方式か事業譲渡方式なら、資産調整勘定（のれん）を認識できるから、スキームを変えてみる選択肢もあるよね。
でも、田村リゾートは8,000百万円の債務免除を受けるつもりなんだよね。個別の資産の時価を見てみないと分からないけど、単純計算だと、資産調整勘定は1,000百万円しか認識できない。何かいい方法はないかな？

マヤ

大学の授業で習ったんだけど、事業再生では、債権放棄の代わりに、DESや疑似DESをすることもあるみたいだよ。
DESや疑似DESだと課税関係が変わってくるのかしら？

サトウ
先生

実務では、繰越欠損金のある会社もM&Aの対象になります。もちろん、欠損等法人（本章第8節参照）に該当するような案件は別ですが、一般的には、繰越欠損金を有効に利用したいという話になります。
具体的には、M&Aの後に、買収会社のグループ会社との統合を行うことで繰越欠損金を利用することもあれば（本章第7節参照）、被買収会社の収益力だけで繰越欠損金を利用することもあります。
田村リゾートの案件は、債務超過のようですね。債務超過会社を対象とするM&Aでは、ある程度の債権放棄を受けてからM&Aが行われることが一般的です。そうなると、繰越欠損金が毀損してしまいます。これをどのように解決していくのかという点について解説します。

1 繰越欠損金のある会社の買収

（1）グループ法人税制が適用されない場合

　コウジの言うように、繰越欠損金のある会社を買収する場合には、繰越欠損金の節税効果と資産調整勘定（のれん）の節税効果を比較することが一般的です。具体的には、以下の事例をご参照ください。

【具体例】
〈前提条件〉

被買収会社の貸借対照表 （単位：百万円）

	税務簿価	時価		税務簿価	時価
資　産	11,000	11,000	負　債	8,000	8,000
資産調整勘定	0	6,000	純資産　※	3,000	9,000
合　計	11,000	17,000	合　計	11,000	17,000

※　純資産の内訳

	税務簿価	時価
資本金	10,000	10,000
資本準備金	0	0
利益剰余金	△7,000	△1,000
純資産	3,000	9,000

- 被買収会社の株主が保有する被買収会社株式の帳簿価額は以下のとおりであり、それぞれの会社の間に資本関係はありません。
    - 内国法人P社　　8,000百万円（80％）
    - 内国法人A社　　1,000百万円（10％）
    - 内国法人B社　　1,000百万円（10％）
- 被買収会社株式の譲渡価額は9,000百万円です。
- 税務上の繰越欠損金は10,000百万円です。
- 上記の繰越欠損金をすべて利用することができるだけの十分な将来収益が期待されています。
- 繰越欠損金の控除限度割合は50％です。

〈法人税、住民税及び事業税の課税関係〉

（イ）被買収会社側の税負担

	株式譲渡方式	事業譲渡方式
被買収会社	株主が変わるだけなので、課税関係は発生しません。	事業譲渡益が6,000百万円発生します。 ⇒課税所得が6,000百万円であることから、その50％である3,000百万円のみ繰越欠損金を使用することができます。そのため、残りの3,000百万円のみが課税対象になり、税負担は以下のとおりです。 3,000百万円×30％＝900百万円
被買収会社の株主	株式譲渡損益の計算を行う必要があります。 株式譲渡損失 ＝ 譲渡収入－譲渡原価 ＝ 9,000百万円－10,000百万円 ＝△1,000百万円 ⇒ 実効税率が30％なので、税負担の軽減は以下のとおりです。 △1,000百万円×30％＝△300百万円	みなし配当および株式譲渡損益の計算を行う必要があります。 ① みなし配当 ＝ 残余財産－資本金等の額 ＝ 9,000百万円－10,000百万円 ＜ 0百万円 により、みなし配当は発生しません。 ② 株式譲渡損失 ＝ 譲渡収入－譲渡原価 ＝ 9,000百万円－10,000百万円 ＝△1,000百万円 ⇒ 実効税率が30％なので、税負担の軽減は以下のとおりです。 △1,000百万円×30％＝△300百万円
合 計	税負担　　△300百万円	税負担　　600百万円

（ロ）買収会社側の税負担

	株式譲渡方式	事業譲渡方式
買収会社	単なる株式の取得なので、課税関係は発生しません。	
被買収会社／事業譲受法人	繰越欠損金の金額は10,000百万円であり、かつ、将来収益により、すべて使用することができます。 ⇒実効税率が30％なので、税負担の軽減は以下のとおりです。 △10,000百万円×30％＝△3,000百万円	資産調整勘定6,000百万円を認識したことにより、将来の税負担が圧縮されます。 ⇒実効税率が30％なので、税負担の軽減は以下のとおりです。 △6,000百万円×30％＝△1,800百万円
合 計	税負担　△3,000百万円	税負担　△1,800百万円

(ハ)合 計

	株式譲渡方式	事業譲渡方式	有利不利判定
被買収会社側	△300百万円	600百万円	株式譲渡方式が有利
買収会社側	△3,000百万円	△1,800百万円	株式譲渡方式が有利
合 計	△3,300百万円	△1,200百万円	株式譲渡方式が有利

　上記の事案では、被買収会社の資本金の額が100百万円を超えているため、**中小法人の特例**を適用することができません。もし、中小法人の特例が適用できれば、繰越欠損金の控除限度割合が100％になります。そのため、事業年度末までに**無償減資**を行い、資本金の額を**100百万円以下**にすることにより、6,000百万円の事業譲渡益の全額を繰越欠損金と相殺することがあります[*1]。この場合には、上記の有利不利判定は、以下のように変わってきます。

*1　中小法人に該当するかどうかは、事業年度終了の時における資本金の額で判定します（法法57⑪一）。

〈法人税、住民税及び事業税の課税関係〉

(イ)被買収会社側の税負担

	株式譲渡方式	事業譲渡方式
被買収会社	株主が変わるだけなので、課税関係は発生しません。	事業譲渡益が6,000百万円発生します。 ⇒繰越欠損金と相殺されるため、課税されません。
被買収会社の株主	株式譲渡損益の計算を行う必要があります。 株式譲渡損失 ＝譲渡収入－譲渡原価 ＝9,000百万円－10,000百万円 ＝△1,000百万円 ⇒ 実効税率が30％なので、税負担の軽減は以下のとおりです。 △1,000百万円×30％＝△300百万円	みなし配当および株式譲渡損益の計算を行う必要があります。 ① みなし配当 ＝残余財産－資本金等の額 ＝9,000百万円－10,000百万円 ＜0百万円 により、みなし配当は発生しません。 ② 株式譲渡損失 ＝譲渡収入－譲渡原価 ＝9,000百万円－10,000百万円 ＝△1,000百万円 ⇒ 実効税率が30％なので、税負担の軽減は以下のとおりです。 △1,000百万円×30％＝△300百万円
合 計	税負担　　　　△300百万円	税負担　　　　△300百万円

（ロ）買収会社側の税負担

	株式譲渡方式	事業譲渡方式
買収会社	単なる株式の取得なので、課税関係は発生しません。	
被買収会社／事業譲受法人	繰越欠損金の金額は10,000百万円であり、かつ、将来収益により、すべて使用することができます。 ⇒実効税率が30％なので、税負担の軽減は以下のとおりです。 △10,000百万円×30％＝△3,000百万円	資産調整勘定6,000百万円を認識したことにより、将来の税負担が圧縮されます。 ⇒実効税率が30％なので、税負担の軽減は以下のとおりです。 △6,000百万円×30％＝△1,800百万円
合 計	税負担　△3,000百万円	税負担　△1,800百万円

（ハ）合 計

	株式譲渡方式	事業譲渡方式	有利不利判定
被買収会社側	△300百万円	△300百万円	有利不利なし
買収会社側	△3,000百万円	△1,800百万円	株式譲渡方式が有利
合 計	△3,300百万円	△2,100百万円	株式譲渡方式が有利

被買収会社が中小法人の特例を受けることができるのかによって、大きく取り扱いが変わるのね。

上記の事案では、無償減資を行うことで中小法人の特例を受けることができました。しかしながら、大法人（資本金の額または出資金の額が500百万円以上である法人）との間に当該大法人による完全支配関係がある場合、完全支配関係のある複数の大法人によって発行済株式等の全部が保有されている場合には、無償減資を行うことにより、資本金の額が100百万円以下になったとしても、中小法人の特例を受けることができないので、注意しましょう（法法57⑪一イ、66⑤二、三）。

このように、事業譲渡方式の場合には、買収会社側において**資産調整勘定を償却する**ことができます。これに対し、株式譲渡方式の場合には、被買収会社の**繰越欠損金**を利用することができます。

ここでは、被買収会社の繰越欠損金が大きいことから、事業譲渡方式では繰越欠損金をすべて使用することができないため、株式譲渡方式のほうが有利であるという結論になりました。

しかし、繰越欠損金の繰越期限が**9年〜10年**となっています。そのため、買収時点で繰越欠損金の繰越期限が迫っている場合には、被買収会社の繰越欠損金を使用しきれない可能性があるため、注意しましょう。

（2）グループ法人税制が適用される場合

（1）の事例では、被買収会社の発行済株式の全部を直接または間接に保有する株主が存在しませんでした。

被買収会社の発行済株式の全部を直接または間接に保有する株主が存在する場合には、事業譲渡方式であったとしても、被買収会社の残余財産が確定することにより、**事業譲渡益を計上した後の被買収会社の繰越欠損金を被買収会社の法人株主に引き継ぐ**ことができます（法法57②）。

しかしながら、被買収会社株式に係る**株式譲渡損益を認識することはできなくなります**（法法61の2⑰）。

これらの影響も加味すると、以下のようになります。

〈法人税、住民税及び事業税の課税関係〉

（イ）被買収会社側の税負担

	株式譲渡方式	事業譲渡方式
被買収会社	株主が変わるだけなので、課税関係は発生しません。	事業譲渡益が6,000百万円発生します。 ⇒課税所得が6,000百万円であることから、その50%である3,000百万円のみ繰越欠損金を使用することができます。そのため、残りの3,000百万円のみが課税対象になり、税負担は以下のとおりです。 3,000百万円×30％＝900百万円

被買収会社の株主	株式譲渡損益の計算を行う必要があります。 株式譲渡損失 ＝ 譲渡収入－譲渡原価 ＝ 9,000百万円－10,000百万円 ＝△1,000百万円 ⇒ 実効税率が30％なので、税負担の軽減は以下のとおりです。 △1,000百万円×30％＝△300百万円	(1)で解説したように、みなし配当は発生しません。また、前述のように、株式譲渡損益も認識されません。 なお、事業譲渡益と相殺した後の被買収会社の繰越欠損金（7,000百万円）を被買収会社の株主に引き継ぐことができます。 当該繰越欠損金を被買収会社の株主における将来収益によりすべて使用することができると仮定すると、税負担の軽減は以下のとおりです。 △7,000百万円×30％＝△2,100百万円
合 計	税負担　　　△300百万円	税負担　　　△1,200百万円

（ロ）買収会社側の税負担

	株式譲渡方式	事業譲渡方式
買収会社	単なる株式の取得なので、課税関係は発生しません。	
被買収会社／ 事業譲受法人	繰越欠損金の金額は10,000百万円であり、かつ、将来収益により、すべて使用することができます。 ⇒実効税率が30％なので、税負担の軽減は以下のとおりです。 △10,000百万円×30％＝△3,000百万円	資産調整勘定6,000百万円を認識したことにより、将来の税負担が圧縮されます。 ⇒実効税率が30％なので、税負担の軽減は以下のとおりです。 △6,000百万円×30％＝△1,800百万円
合 計	税負担　△3,000百万円	税負担　△1,800百万円

（ハ）合 計

	株式譲渡方式	事業譲渡方式	有利不利判定
被買収会社側	△300百万円	△1,200百万円	事業譲渡方式が有利
買収会社側	△3,000百万円	△1,800百万円	株式譲渡方式が有利
合 計	△3,300百万円	△3,000百万円	株式譲渡方式が有利

被買収会社の株主で株式譲渡損失を認識できる分だけ、株式譲渡方式のほうが有利になるんだね。

2　債務超過会社の買収

(1) 事業譲渡方式

　第1章第6節で解説したように、被買収会社が債務超過である場合には、**解散の日の翌日**に事業譲渡を行うことで、事業譲渡益と**特例欠損金（期限切れ欠損金）**を相殺することができます。なぜなら、解散の日の翌日以降の事業年度では、残余財産がないと見込まれる場合に、特例欠損金の損金算入が認められているからです（法法59④)。

　そのため、大法人に該当する場合であっても、事業譲渡益と特例欠損金を相殺することにより、事業譲渡益課税を回避することができます。

【具体例】

〈前提条件〉

被買収会社の貸借対照表　　　　　　　　　　　　　　　（単位：百万円）

	税務簿価	時　価		税務簿価	時　価
資　産	11,000	11,000	負　債	20,000	20,000
資産調整勘定	0	6,000	純資産 ※	△9,000	△3,000
合　計	11,000	17,000	合　計	11,000	17,000

※　純資産の内訳

	税務簿価	時　価
資本金	1,000	1,000
資本準備金	0	0
利益剰余金	△10,000	△4,000
純資産	△9,000	△3,000

なお、大法人における繰越欠損金の使用は、繰越欠損金、特例欠損金を控除する前の課税所得の100分の50に相当する金額に限定されています（法法57①）。その結果、上記の事案において、繰越欠損金が7,000百万円である場合には、事業譲渡益（6,000百万円）、債務免除益（3,000百万円）を認識したことによる課税所得が9,000百万円であることから、繰越欠損金の損金算入額が4,500百万円、特例欠損金の損金算入額が4,500百万円となってしまい、2,500百万円の繰越欠損金が残ってしまうという不合理な結果になります。そのため、法人税法57条5項では、**特例欠損金の損金算入額に相当する繰越欠損金はないものとする**ことにより、親会社に引き継ぐ繰越欠損金が残らないように規定されています。

(2) 株式譲渡方式

田村リゾートのように、被買収会社が債務超過である場合には、当該債務超過の負担を誰が引き受けるべきかという問題があります。

もちろん、簿価純資産価額が債務超過であっても、保有する資産に含み益がある場合や、将来収益力により資産調整勘定（のれん）としての価値が認められる場合には、時価純資産価額がプラスになるため、債務超過会社であっても、譲渡価額がゼロということにはなりません。

しかし、実務上、資産の含み益や資産調整勘定を考慮しても、債務超過の場合もあります。このような場合には、**被買収会社の株主（親会社）が債務超過を負担せざるを得ません。**

このうち、株式譲渡方式を採用する場合に、債務超過を解消する手法として、債権放棄と第三者割当増資が考えられます。しかしながら、債権放棄を行った場合には、被買収会社で**債務免除益**が発生することから、**被買収会社の繰越欠損金が減少してしまう**という問題があります。

【被買収会社の株主の仕訳】

（債権放棄損失）　3,000百万円　　（貸付金）　　　　3,000百万円
※**法人税基本通達9-4-1**[*2]を満たすのであれば、**債権放棄損失を損金の額に算入**することができます。

*2　【法人税基本通達9-4-1】
法人がその子会社等の解散、経営権の譲渡等に伴い当該子会社等のために債務の引受けその他の損失負担又は債権放棄等（以下9-4-1において「損失負担等」という。）をした場合において、その損失負担等をしなければ今後より大きな損失を蒙ることになることが社会通念上明らかであると認められるためやむを得ずその損失負担等をするに至った等そのことについて相当な理由があると認められるときは、その損失負担等により供与する経済的利益の額は、寄附金の額に該当しないものとする。
（注）　子会社等には、当該法人と資本関係を有する者のほか、取引関係、人的関係、資金関係等において事業関連性を有する者が含まれる（以下9-4-2において同じ。）。

【被買収会社の仕訳】

（借入金）　　　　 3,000百万円　　（債務免除益）　　 3,000百万円

※被買収会社の株主と被買収会社の間に**完全支配関係がない場合**には、**法人税基本通達9-4-1を満たすかどうかにかかわらず**、被買収会社において発生し**た債務免除益が益金の額に算入**されます。これに対し、被買収会社の株主と被買収会社との間に完全支配関係がある場合には、法人税基本通達9-4-1を満たす場合に限り、益金の額に算入されます（法基通4-2-5）。

　これを解決するために、**第三者割当増資（または疑似DES）**により債務超過を解消することがあります。この場合における税務上の仕訳は以下のとおりです[*3]。

【被買収会社の株主の仕訳】

（i）第三者割当増資

（子会社株式）　　 3,000百万円　　（現金預金）　　　　 3,000百万円

（ii）株式譲渡

（現金預金）　　　　　　 0百万円　　（子会社株式）　　 3,000百万円
（株式譲渡損失）　 3,000百万円

【被買収会社の仕訳】

（現金預金）　　　 3,000百万円　　（資本金等の額）　 3,000百万円

　なお、上記の事案では、株式譲渡損失が発生することを前提として第三者割当増資を行っていることから、**寄附金**に該当するのではないかという議論もあり得ます。しかし、そうであっても、**経営権の放棄に伴う子会社株式の譲渡**のために行われた第三者割当増資であることから、**法人税基本通達9-4-1に該当する可能性が高い**と思われます。

　これに対し、被買収会社では、第三者割当増資により払い込まれた金銭の額が**資本金等の額**として取り扱われ（法令8①一）、債務免除益は発生しません。

　このように、第三者割当増資（または疑似DES）により、被買収会社の繰越欠損金を毀損せずに買収することが可能になります。

*3　DESとは債権の現物出資のことをいいます。もし、DESを行った場合には、現物出資法人(被買収会社の株主)と被現物出資法人(被買収会社)の間の支配関係が継続しないので非適格現物出資に該当します。非適格現物出資に該当した場合には、債権の時価と簿価との差額について、被買収会社で債務消滅益が発生してしまいます。マヤの言うように、債権放棄の代わりにDESを利用することはできますが、債務免除益を発生させないという目的には利用することができません。

コウジ　第三者割当増資であれば、債務免除益課税が課されないんだね。

サトウ先生

第三者割当増資を行った場合には、増加資本金の額に1,000分の7を乗じた金額について **登録免許税** が課されます。

さらに、法人税法上の資本金等の額が増加することから、原則として、住民税均等割、事業税資本割も増加します。一般的には、減資や資本準備金の取崩しを行っても、法人税法上の資本金等の額が減少しないため、住民税均等割、事業税資本割を減らすことができません。これに対し、**欠損填補** を行った場合には、**住民税均等割および事業税資本割を減少させることができるという特例** が認められています（地法23①四のニイ（3）、72の21①三、地規1の9の6②③、3の16②③）。

3　おわりに

　このように、被買収会社に繰越欠損金がある場合には、当該繰越欠損金を毀損させずに買収することを検討することがあります。

　もちろん、買収した後に、買収会社のグループ会社との統合を検討することがありますが、この点については、本章第7節で解説します。

CHALLENGE!

平成22年度税制改正により導入されたグループ法人税制により、完全支配関係のある内国法人に対して債権放棄を行った場合には、一方の法人で寄附金が損金の額に算入されず、他方の法人で受贈益が益金の額に算入されないことになりました。

債務超過会社に対して、債権放棄を行った後に、当該債務超過会社の株式を買収会社に譲渡する場合には、グループ法人税制がどのような影響を与えるのでしょうか。考えてみましょう。

グループ通算は面倒だ

第**4**節

～通算子法人の買収～

マヤ

昨日の法人税の授業は大変だったわ。グループ通算制度なんて、難しくてよく分からない。すでに卒業した先輩が大手の税理士法人で働いているんだけど、申告書を作るのが大変だったとぼやいていたわ。

コウジ

たしかに、グループ通算制度って、ややこしいよね。そういえば、この前の案件は、通算子法人を買収する案件だったよね。投資簿価修正が必要だったから、計算がとても大変だったよね。

ユウタ

たしかにそうだよね。あの案件に関与する前は、買収会社側が採用している場合だけ気にしていたけど、被買収会社側が採用している場合も気にしなければいけないのがよく分かったよ。
単体納税だと有利だったスキームが、グループ通算制度だと有利ではなくなってしまったのは、ちょっとびっくりしてしまったな。

**サトウ
先生**

皆さんは、グループ通算制度をご存知ですか？
グループ通算制度とは、通算親法人と通算子法人の損益通算が認められている制度のことをいいます。グループ通算制度を導入すると、一方の法人の赤字と他方の法人の黒字を相殺することができるので、法人税の節税につながります。
第1章第4節で解説したように、買収会社がグループ通算制度を採用していた場合には、グループ通算制度への加入について、被買収会社がグループ通算制度を採用していた場合には、グループ通算制度の終了について、被買収会社の株主がグループ通算制度を採用していた場合には、グループ通算制度からの離脱について、検討する必要があります。
ユウタの言うように、単体納税だと有利だったスキームが、グループ通算制度だと有利ではなくなってしまうことがあるので、注意しましょう。

1 グループ通算制度の概要

第1章第4節で解説したように、グループ通算制度を採用している場合において、株式譲渡方式によるM＆Aを行ったときは、以下について、それぞれ検討が必要になります。

(1)買収会社がグループ通算制度を採用していた場合

買収会社が被買収会社の発行済株式の全部を取得したことに伴い、被買収会社が**グループ通算制度**に加入します。

被買収会社がグループ通算制度に加入した場合には、原則として、被買収会社の保有する資産に対する**時価評価課税**が課され（法法64の12①）、かつ、被買収会社の保有する**繰越欠損金が切り捨てられます**（法法57⑥）。

(2)被買収会社の株主を通算親法人とするグループ通算制度を採用していた場合

被買収会社の株主と被買収会社との間の通算完全支配関係が消滅することにより、被買収会社が**グループ通算制度から離脱**します（法法64の10⑥六）。

その結果、被買収会社の株主において、被買収会社株式に対する**投資簿価修正**が必要になるため（法令119の3⑤、119の4①）、株式譲渡損益の金額が変わります。

(3)被買収会社を通算親法人とするグループ通算制度を採用していた場合

買収会社が被買収会社の発行済株式の全部を取得したことに伴い、**グループ通算制度が終了**します（法法64の10⑥三）。

2 通算子法人からの配当後の株式譲渡(設立時からグループ通算制度に加入している場合)

本節では、被買収会社の株主を通算親法人とするグループ通算制度を採用していた場合について、具体的な数字を見ながら解説を行います。

第1章第4節、本章第2節で解説したように、M＆Aの手法として、被買収会社から配当を行った後に株式譲渡を行うという手法が

あります。そして、被買収会社がグループ通算制度に加入している通算子法人である場合には、投資簿価修正を行う必要があります。

投資簿価修正を行った場合には、離脱した通算子法人の株式または出資（以下、「通算子法人株式」といいます）の投資簿価修正後の帳簿価額が、グループ通算制度の承認の効力を失った日の前日の属する事業年度終了の時における当該通算子法人の簿価純資産価額に相当する金額になります（法令119の3⑤、119の4①）。

すなわち、**2,900百万円の配当**を行った場合には、被買収会社の簿価純資産価額が減少するので、**被買収会社株式（通算子法人株式）の帳簿価額を2,900百万円減額させる**必要があります。

それでは、具体例を見てみましょう。なお、法人税、住民税および事業税の実効税率を30％としています。

【具体例】
〈前提条件〉
被買収会社の貸借対照表 （単位：百万円）

	税務簿価	時 価		税務簿価	時 価
資産	11,000	11,000	負債	8,000	8,000
資産調整勘定	0	6,000	純資産 ※	3,000	9,000
合計	11,000	17,000	合計	11,000	17,000

※ 純資産の内訳

	税務簿価	時 価
資本金	50	50
資本準備金	50	50
利益剰余金	2,900	8,900
純資産	3,000	9,000

- 被買収会社の株主は法人株主1人であり、グループ通算制度を採用しています。
- 被買収会社の株主における被買収会社株式の取得価額は100百万円ですが、株式譲渡を行った場合には、2,900百万円の投資簿価修正を行った結果、帳簿価額は3,000百万円になります。

・　被買収会社株式の譲渡価額は9,000百万円です。
・　被買収会社の株主は、被買収会社の発行済株式の全部を保有
　　しているため、受取配当金の全額に対して受取配当等の益金不
　　算入を適用することができます。

Question　法人税、住民税および事業税の課税関係

　単純に株式を譲渡する場合と分配可能額の全額（2,900百万円）に
相当する金額の配当を行った後に株式を譲渡する場合の法人税、住
民税および事業税の課税関係を検討してください。

（ⅰ）被買収会社側の税負担

	株式譲渡方式（配当なし）	株式譲渡方式（配当あり）
被買収会社	株主が変わるだけなので、課税関係は発生しません。	同　左
被買収会社の株主		
合　計		

（ⅱ）買収会社側の税負担

	株式譲渡方式（配当なし）	株式譲渡方式（配当あり）
買収会社	単なる株式の取得なので、課税関係は発生しません。	同　左
合　計	0百万円	0百万円

（ⅲ）合　計

	配当なし	配当あり	有利不利判定
被買収会社側			
買収会社側	0百万円	0百万円	有利不利なし
合　計			

コウジ 株式譲渡損益の計算に、投資簿価修正を加味しないといけないね。

〈投資簿価修正〉

たとえば、100百万円で設立した子会社において、90百万円の赤字が発生した場合には、当該子会社において90百万円の繰越欠損金が発生します。しかし、それだけではなく、親会社が保有する子会社株式についても90百万円の含み損が発生します。

損失の二重発生

親法人 ← 子会社株式に含み損発生

↓

子法人 ← 繰越欠損金が発生

単体納税では、子会社で発生した繰越欠損金は、親会社の課税所得と相殺されないため、親会社が子会社株式を譲渡した時点で、子会社株式譲渡損失を実現したとしても、一般的には、問題とすべきではありません。

これに対し、グループ通算制度では、子会社の赤字と他の通算法人の黒字が相殺されていることから、**損失が二重に発生する**という問題が生じます。このような問題を解決するために、投資簿価修正の制度が設けられています。なお、損失が二重に発生するという問題だけでなく、利益が二重に発生するという問題も解決する必要があるため、通算子法人の簿価純資産価額が減少した場合には、**通算子法人株式の帳簿価額を引き下げ**、通算子法人の簿価純資産価額が増加した場合には、**通算子法人株式の帳簿価額を引き上げます**。

通算子法人株式に対する投資簿価修正は、離脱する通算子法人の簿価純資産価額を基礎に行うという点に注意しましょう。

すなわち、通算子法人において、100百万円の利益が発生し、かつ、30百万円の配当を通算親法人に対して行っている場合には、簿価純資産価額の増加が70百万円であることから、通算子法人株式の帳簿価額に70百万円を加算する必要があります。

Answer　法人税、住民税および事業税の課税関係

　それでは、被買収会社、買収会社および被買収会社の株主で発生する法人税、住民税および事業税の課税関係を整理します。

（i）被買収会社側の税負担

	株式譲渡方式（配当なし）	株式譲渡方式（配当あり）
被買収会社	株主が変わるだけなので、課税関係は発生しません。	同　左
被買収会社の株主	株式譲渡益に対して課税されます。 被買収会社株式の投資簿価修正が行われるため、譲渡原価の金額は3,000百万円になります。 ⇒実効税率が30％なので、税負担は以下のとおりです。 （譲渡価額－譲渡原価）×30％ ＝（9,000百万円－3,000百万円）×30％ ＝1,800百万円	左記のうち、2,900百万円に対して受取配当等の益金不算入の適用を受けます。すなわち、譲渡収入の金額は6,100百万円になります。 しかしながら、被買収会社の簿価純資産価額が100百万円に減少するので、投資簿価修正後の被買収会社株式の帳簿価額は100百万円になります。 したがって、税負担は以下のとおりです。 （譲渡価額－譲渡原価）×30％ ＝（6,100百万円－100百万円）×30％ ＝1,800百万円
合　計	税負担　1,800百万円	税負担　1,800百万円

（ii）買収会社側の税負担

	株式譲渡方式（配当なし）	株式譲渡方式（配当あり）
買収会社	単なる株式の取得なので、課税関係は発生しません。	同　左
合　計	税負担　0百万円	税負担　0百万円

(iii)合 計

	配当なし	配当あり	有利不利判定
被買収会社側	1,800百万円	1,800百万円	有利不利なし
買収会社側	0百万円	0百万円	有利不利なし
合 計	1,800百万円	1,800百万円	有利不利なし

配当をしても、まったく有利にならないんだね。

3 通算子法人からの配当後の株式譲渡（設立後にグループ通算制度に加入した場合）

【具体例】

〈前提条件〉

被買収会社の貸借対照表　　　　　　　　　　　　　　　　　　　（単位：百万円）

	税務簿価	時 価		税務簿価	時 価
資 産	11,000	11,000	負 債	8,000	8,000
資産調整勘定	0	6,000	純資産 ※	3,000	9,000
合 計	11,000	17,000	合 計	11,000	17,000

※　純資産の内訳

	税務簿価	時 価
資本金	50	50
資本準備金	50	50
利益剰余金	2,900	8,900
純資産	3,000	9,000

- 　被買収会社の株主は法人株主1人であり、グループ通算制度を採用しています。
- 　被買収会社の株主における被買収会社株式の取得価額は2,000百万円です。なお、グループ通算制度に加入した時点の利益積

立金額が300百万円なので、利益積立金額が2,600百万円増加
しているはずですが、資産調整勘定対応金額（1,600百万円＝
2,000百万円 −（50百万円 + 50百万円 + 300百万円））を考慮せず
に、被買収会社の簿価純資産価額に相当する金額をそのまま投
資簿価修正後の被買収会社株式の帳簿価額としています。
・　被買収会社株式の譲渡価額は9,000百万円です。
・　被買収会社の株主は、被買収会社の発行済株式の全部を保有
　しているため、受取配当金の全額に対して受取配当等の益金不
　算入を適用することができます。

Question 法人税、住民税および事業税の課税関係

　単純に株式を譲渡する場合と分配可能額の全額（2,900百万円）に
相当する金額の配当を行った後に株式を譲渡する場合の法人税、住
民税および事業税の課税関係を検討してください。

（i）被買収会社側の税負担

	株式譲渡方式（配当なし）	株式譲渡方式（配当あり）
被買収会社	株主が変わるだけなので、課税関係は発生しません。	同　左
被買収会社の株主		
合　計		

（ii）買収会社側の税負担

	株式譲渡方式（配当なし）	株式譲渡方式（配当あり）
買収会社	単なる株式の取得なので、課税関係は発生しません。	同　左
合　計	0百万円	0百万円

(iii) 合 計

	配当なし	配当あり	有利不利判定
被買収会社側			
買収会社側	0百万円	0百万円	有利不利なし
合 計			

Answer 法人税、住民税および事業税の課税関係

　それでは、被買収会社、買収会社および被買収会社の株主で発生
する法人税、住民税および事業税の課税関係を整理します。

(ⅰ) 被買収会社側の税負担

	株式譲渡方式（配当なし）	株式譲渡方式（配当あり）
被買収会社	株主が変わるだけなので、課税関係は発生しません。	同 左
被買収会社の株主	株式譲渡益に対して課税されます。 被買収会社株式の投資簿価修正が行われるため、譲渡原価の金額は3,000百万円になります。 ⇒実効税率が30％なので、税負担は以下のとおりです。 （譲渡価額−譲渡原価）×30％ ＝（9,000百万円−3,000百万円）×30％ ＝1,800百万円	左記のうち、2,900百万円に対して受取配当等の益金不算入の適用を受けます。すなわち、譲渡収入の金額は6,100百万円になります。 しかしながら、被買収会社の簿価純資産価額が100百万円に減少するので、投資簿価修正後の被買収会社株式の帳簿価額は100百万円になります。 したがって、税負担は以下のとおりです。 （譲渡価額−譲渡原価）×30％ ＝（6,100百万円−100百万円）×30％ ＝1,800百万円
合 計	税負担　1,800百万円	税負担　1,800百万円

(ⅱ) 買収会社側の税負担

	株式譲渡方式（配当なし）	株式譲渡方式（配当あり）
買収会社	単なる株式の取得なので、課税関係は発生しません。	同 左
合 計	税負担　0百万円	税負担　0百万円

(ⅲ) 合 計

	配当なし	配当あり	有利不利判定
被買収会社側	1,800百万円	1,800百万円	有利不利なし
買収会社側	0百万円	0百万円	有利不利なし
合 計	1,800百万円	1,800百万円	有利不利なし

　このように、株式譲渡前に配当を行ったとしても、被買収会社側の税負担は変わりません。

　さらに、投資簿価修正後の被買収会社株式の帳簿価額が当該被買収会社の離脱日の前日の属する事業年度終了の時における簿価純資産価額に相当する金額になるので、設立時からグループ通算制度に加入している場合であっても、その後にグループ通算制度に加入した場合であっても、投資簿価修正後の被買収会社株式の帳簿価額は変わりません。

あれ？　これだと、のれんのある会社を買収した後に転売すると、すごい不利になってしまうんじゃないかな。

コウジのいうように、のれんのある会社を買収した場合であっても、のれんを加味しない簿価純資産価額を基礎に譲渡原価が計算されるので、将来の転売時に譲渡原価が小さくなるという問題があります。

このような問題に対応するために、令和4年度税制改正において、資産調整勘定等対応金額を投資簿価修正後の被買収会社株式の帳簿価額に加算する制度が設けられました（法令119の3⑥〜⑧）。なお、離脱時の属する事業年度の確定申告書等に資産調整勘定等対応金額の計算に関する明細を添付し、かつ、その計算の基礎となる事項を記載した書類を保存していることが要件とされています。

上記の事案では、資産調整勘定等対応金額が1,600百万円になるので、たとえば、配当をしない場合における投資簿価修正後の被買収会社株式の帳簿価額は4,600百万円になります。

資産調整勘定等対応金額を考慮した結果、被買収会社株式の取得価額（2,000百万円）に利益積立金額の増加額（2,600百万円）を加算した金額が投資簿価修正後の被買収会社株式の帳簿価額に一致することから、上記のような不都合は生じなくなります。

4 事業譲渡方式との比較（被買収会社が資産超過会社である場合）

　本章第2節で解説したように、被買収会社の株主が法人である場合には、株式譲渡方式よりもみなし配当が認識できる事業譲渡方式、会社分割方式が望ましいといえます。それでは、被買収会社が通算子法人である場合であっても同様なのでしょうか。検討してみましょう。

【具体例】

〈前提条件〉

被買収会社の貸借対照表　　　　　　　　　　　　　　　　（単位：百万円）

	税務簿価	時　価		税務簿価	時　価
資　産	11,000	11,000	負　債	8,000	8,000
資産調整勘定	0	6,000	純資産 ※	3,000	9,000
合　計	11,000	17,000	合　計	11,000	17,000

※　純資産の内訳

	税務簿価	時　価
資本金	50	50
資本準備金	50	50
利益剰余金	2,900	8,900
純資産	3,000	9,000

- ・　被買収会社の株主は法人株主1人であり、グループ通算制度を採用しています。
- ・　被買収会社の株主における被買収会社株式の取得価額は100百万円ですが、株式譲渡を行った場合には2,900百万円の投資簿価修正を行った結果、帳簿価額は3,000百万円になります。
- ・　被買収会社株式の譲渡価額は9,000百万円です。
- ・　被買収会社の株主は、被買収会社の発行済株式の全部を保有しているため、受取配当金の全額に対して受取配当等の益金不算入を適用することができます。

Question 法人税、住民税および事業税の課税関係

　被買収会社、買収会社および被買収会社の株主で発生する法人税、住民税および事業税の課税関係を検討してください。

（ⅰ）被買収会社側の税負担

	株式譲渡方式	事業譲渡方式
被買収会社		
被買収会社の株主		
合　計		

（ⅱ）買収会社側の税負担

	株式譲渡方式	事業譲渡方式
買収会社		
事業譲受法人		
合　計		

（ⅲ）合　計

	株式譲渡方式	事業譲渡方式	有利不利判定
被買収会社側			
買収会社側			
合　計			

マヤ

株式譲渡方式の場合には、投資簿価修正を加味すればいいんだろうけど、事業譲渡方式の場合には、どのようにしたらいいのかしら？

サトウ先生

本章第2節で解説したように、株式譲渡方式の場合には株式譲渡損益が発生し、事業譲渡方式の場合には事業譲渡損益が発生します。さらに、事業譲渡方式の場合には、被買収会社の株主において受取配当等の益金不算入が適用できます。

そして、事業譲渡方式の場合には、残余財産の確定に伴って株式譲渡損益が発生しそうですが、第1章第3節で解説したように、完全子会社を解散したときは、当該完全子会社に対する株式消却損を認識することができない一方で（法法61の2⑰）、当該完全子会社の繰越欠損金を親会社に引き継ぐことができるようになりました（法法57②）。

そのため、事業譲渡方式の場合には、投資簿価修正の影響が法人税、住民税および事業税の計算に反映されないといえます。

Answer **法人税、住民税および事業税の課税関係**

　それでは、被買収会社、買収会社および被買収会社の株主で発生する法人税、住民税および事業税の課税関係を整理します。

（ⅰ）被買収会社側の税負担

	株式譲渡方式	事業譲渡方式
被買収会社	株主が変わるだけなので、課税関係は発生しません。	事業譲渡益が6,000百万円発生します。 ⇒実効税率が30％なので、税負担は以下のとおりです。 6,000百万円×30％ ＝1,800百万円
被買収会社の株主	株式譲渡益に対して課税されます。 被買収会社株式の投資簿価修正が行われるため、譲渡原価の金額は3,000百万円になります。 ⇒実効税率が30％なので、税負担は以下のとおりです。 （譲渡価額－譲渡原価）×30％ ＝（9,000百万円－3,000百万円）×30％ ＝1,800百万円	受取配当等の益金不算入により課税されません。 さらに、株式譲渡損益も認識しません。
合　計	税負担　1,800百万円	税負担　1,800百万円

（ⅱ）買収会社側の税負担

	株式譲渡方式	事業譲渡方式
買収会社	単なる株式の取得なので、課税関係は発生しません。	
事業譲受法人		資産調整勘定6,000百万円を認識したことにより、将来の課税負担が圧縮されます。 ⇒実効税率が30％なので、税負担の軽減は以下のとおりです。 △6,000百万円×30％ ＝△1,800百万円
合 計	税負担　0百万円	税負担　△1,800百万円

（ⅲ）合 計

	株式譲渡方式	事業譲渡方式	有利不利判定
被買収会社側	1,800百万円	1,800百万円	有利不利なし
買収会社側	0百万円	△1,800百万円	事業譲渡方式が有利
合 計	1,800百万円	0百万円	事業譲渡方式が有利

資産調整勘定等対応金額がある場合には、株式譲渡損益の金額が変わるから、株式譲渡方式のほうが有利になる場合もあるかもしれないね。

5　事業譲渡方式との比較（被買収会社が債務超過会社である場合）

【具体例】

〈前提条件〉

被買収会社の貸借対照表　　　　　　　　　　　　　　　（単位：百万円）

	税務簿価	時 価		税務簿価	時 価
資 産	11,000	11,000	負 債	20,000	20,000
資産調整勘定	0	1,000	純資産 ※	△9,000	△8,000
合 計	11,000	12,000	合 計	11,000	12,000

※ 純資産の内訳

	税務簿価	時　価
資本金	1,000	1,000
資本準備金	0	0
利益剰余金	△10,000	△9,000
純資産	△9,000	△8,000

- ・ 被買収会社の株主は法人株主 1 人であり、グループ通算制度を採用しています。
- ・ 被買収会社は△8,000百万円の時価債務超過であることから、株式譲渡方式を選択する場合には、8,000百万円の第三者割当増資を行うことで、時価債務超過額を 0 円とする予定です（本章第 3 節参照）。
- ・ 被買収会社の株主における被買収会社株式の取得価額は1,000百万円です。そして、株式譲渡方式を選択する場合には、第三者割当増資により、被買収会社株式の帳簿価額が9,000百万円（1,000百万円＋8,000百万円）に引き上げられます。ただし、資産調整勘定等対応金額が 0 円であると仮定すると、投資簿価修正により当該被買収会社株式の帳簿価額が△1,000百万円になる予定です。
- ・ 事業譲渡方式を採用した場合には、1,000百万円の資産調整勘定を考慮した価額で譲渡する予定です。これに対し、株式譲渡方式を採用した場合には、第三者割当増資後の被買収会社株式を 0 百万円で譲渡する予定です。
- ・ 税務上の繰越欠損金は300百万円であり、株式譲渡方式を採用した場合には、当該繰越欠損金をすべて利用できるだけの十分な将来収益が期待されています。
- ・ 事業譲渡方式を採用した場合には、被買収会社の時価債務超過額に相当する金額の子会社整理損失が被買収会社の株主に発生しますが、法人税基本通達9-4-1に該当し、損金の額に算入できると仮定します。

投資簿価修正は「減算」と規定されているから、簿価純資産価額がマイナスだと、通算子法人株式の帳簿価額もマイナスになるんだね。

Question **法人税、住民税および事業税の課税関係**

　被買収会社、買収会社および被買収会社の株主で発生する法人税、住民税および事業税の課税関係を検討してください。

（ⅰ）被買収会社側の税負担

	株式譲渡方式	事業譲渡方式
被買収会社		
被買収会社の株主		
合 計		

（ⅱ）買収会社側の税負担

	株式譲渡方式	事業譲渡方式
買収会社		
被買収会社／ 事業譲受法人		
合 計		

(ⅲ)合 計

	株式譲渡方式	事業譲渡方式	有利不利判定
被買収会社側			
買収会社側			
合 計			

Answer **法人税、住民税および事業税の課税関係**

　それでは、被買収会社、買収会社および被買収会社の株主で発生する法人税、住民税および事業税の課税関係を整理します。

(ⅰ)被買収会社側の税負担

	株式譲渡方式	事業譲渡方式
被買収会社	株主が変わるだけなので、課税関係は発生しません。	事業譲渡益(1,000百万円)および債務免除益(8,000百万円)の合計金額が税務上の繰越欠損金(300百万円)を上回っていますが、解散の日の翌日に事業譲渡を行うことにより、特例欠損金(期限切れ欠損金)と相殺することができます(第1章第6節、本章第3節参照)。
被買収会社の株主	被買収会社株式の投資簿価修正が行われるため、譲渡原価の金額は△1,000百万円になります。 ⇒実効税率が30%なので、税負担は以下のとおりです。 (譲渡価額−譲渡原価)×30% =(0百万円−△1,000百万円)×30% =300百万円	本章第3節で解説したように、完全子法人の残余財産の確定により生じた株式譲渡損益については、損金の額または益金の額に算入されません(法法61の2⑰)。 なお、被買収会社の株主において、子会社整理損失(8,000百万円)が発生します。 ⇒実効税率が30%なので税負担の軽減は以下のとおりです。 △8,000百万円×30% =△2,400百万円
合 計	税負担　300百万円	税負担　△2,400百万円

（ⅱ）買収会社側の税負担

	株式譲渡方式	事業譲渡方式
買収会社	単なる株式の取得なので、課税関係は発生しません。	
被買収会社／事業譲受法人	繰越欠損金の金額は300百万円であり、かつ、将来収益により、すべて使用することができます。 ⇒実効税率が30％なので、税負担の軽減は以下のとおりです。 △300百万円×30％ ＝△90百万円	資産調整勘定1,000百万円を認識したことにより、将来の課税負担が圧縮されます。 ⇒実効税率が30％なので、税負担の軽減は以下のとおりです。 △1,000百万円×30％ ＝△300百万円
合 計	税負担　△90百万円	税負担　△300百万円

（ⅲ）合 計

	株式譲渡方式	事業譲渡方式	有利不利判定
被買収会社側	300百万円	△2,400百万円	事業譲渡方式が有利
買収会社側	△90百万円	△300百万円	事業譲渡方式が有利
合 計	210百万円	△2,700百万円	事業譲渡方式が有利

　このように、株式譲渡方式を採用した場合には、**投資簿価修正により被買収会社株式の帳簿価額がマイナスになった**ため、被買収会社の株主において株式譲渡益が生じてしまいました。

　被買収会社の株主がグループ通算制度を採用していた場合には、投資簿価修正の結果、被買収会社の株主において思わぬ課税が生じてしまうこともあるため、投資簿価修正の影響をきちんと把握したうえで、ストラクチャーの検討を行う必要があるという点に注意しましょう。

6 おわりに

　本章第2節と異なり、被買収会社の株主を通算親法人とするグルー
プ通算制度を採用していた場合には、投資簿価修正が行われたこと
で、被買収会社の株主における課税関係が変わってきます。その結
果、単体納税を採用している場合と異なる結論になることがあるた
め、注意しましょう。

CHALLENGE!

グループ通算制度では、法人税の損益通算は認められていますが、住民税および事業税の損益
通算は認められていません。そのため、法人税の確定申告書と事業税の確定申告書に記載され
ている繰越欠損金額が異なることが一般的です。

そして、法人税法上、他の通算法人の所得と相殺された繰越欠損金に対して、住民税法人税割
の計算上、「控除対象通算対象所得調整額」「控除対象配賦欠損調整額」が設けられています（地
法53⑭⑳、321の8⑭⑳）。さらに、グループ通算制度の開始または加入により切り捨てられた
法人税の繰越欠損金を住民税法人税割の計算で復活させる必要があるので、「控除対象通算適
用前欠損調整額」「控除対象合併等前欠損調整額」が設けられています（地法53④⑨、321の8
④⑨）。

これは、どの別表を確認したらよいでしょうか。調べてみましょう。

第 5 節 いらない資産は置いていくよ
～一部の事業だけの買収～

コウジ

M&Aには、すべての事業を譲渡する場合だけじゃなくて、一部の事業を譲渡する場合もあるよね。一部の事業を譲渡するとなると、株式譲渡方式を採用することはできないから、事業譲渡方式か会社分割方式を採用するしかないよね。

マヤ

そうとも言えないよ。この前の案件は、事業のほとんどを譲渡したけど、一部の事業だけは残したじゃない。受皿会社を作って、M&Aの対象から除外されるものを移転した後に、株式を譲渡したよね。
もし、M&Aの対象から除外される資産を簿価で動かすことができれば、スキームの選択肢も広がっていくと思うんだけどな。

ユウタ

そういえば、不動産M&Aの本を読んだんだけど、本業を移転して、不動産賃貸業だけになった会社を譲渡する手法もあるみたいだよ。
不動産取得税も登録免許税もかからないし、配当所得じゃなくて譲渡所得になるから、株式譲渡方式がうまく使えたら面白いよね。

サトウ先生

本章第1節～第4節と異なり、すべての事業を譲渡するM&Aだけでなく、一部の事業を譲渡するM&Aもあります。一般的には、コウジの言うように、事業譲渡方式または会社分割方式を検討するのですが、M&A対象の事業が大きい場合には、M&A対象外の事業を切り離してから、M&A対象の事業だけになった被買収会社の株式を譲渡することがあります。
マヤの言うように、M&A対象外の事業を簿価で切り離すことができれば、スキームの選択肢が広がります。これを可能にしたのが平成29年度税制改正です。本節では、この内容について解説します。

1 手法の選択

第1章第1節で解説したように、M&Aには様々な手法があります
が、①**株式を譲渡する手法**と②**事業を譲渡する手法**の2つに大きく
分けられます。

このうち、一部の事業または資産だけを譲渡する場合を前提にす
ると、①株式を譲渡する手法としては、**M&A対象外の事業を事業
譲渡または会社分割により切り離してから株式を譲渡する手法**が挙
げられます。これに対し、②事業を譲渡する手法としては、事業譲
渡方式または会社分割方式が挙げられます。これを整理すると、以
下のとおりです。

＊1　厳密には、「M&A対
象の事業を譲渡すると同時
に、M&A対象外の事業を
切り離す手法」も考えられ
ます。この手法は、M&A
対象の事業に係る含み益と
M&A対象外の事業に係る
含み損を相殺するために行
われます。しかし、実務上、
この手法を採用することは
稀であるため、本書では解
説を省略します。

手法の選択＊1

	M&A対象	M&A対象外
M&A対象の事業を譲渡する手法	時価移転	簿価のまま
M&A対象外の事業を簿価で切り離してから株式を譲渡する手法	簿価のまま	簿価移転
M&A対象外の事業を時価で切り離してから株式を譲渡する手法	簿価のまま	時価移転

このうち、M&A対象の事業を譲渡する手法は、事業譲渡または
会社分割の方法で、M&A対象の事業を譲渡することにより、事業
譲渡損益または会社分割損益を認識する手法ですから、特段の説明
は不要と思われます。そのため、本節では、残りの2つの手法につ
いて解説します。

なお、実務上は、移転した不動産に対する**不動産取得税、登録免
許税**の負担についても注意しましょう。なぜなら、M&A対象の事
業を譲渡する手法では、**M&A対象の事業に含まれている不動産に**
対する不動産取得税、登録免許税が課されるのに対し、M&A対象
外の事業を切り離してから株式を譲渡する手法では、**M&A対象外
の事業に含まれている不動産**に対する不動産取得税、登録免許税が
課されるからです。

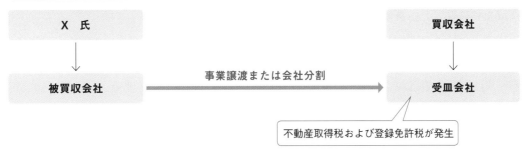

M&A対象の事業を譲渡する手法

X 氏 → 被買収会社

買収会社 → 受皿会社

事業譲渡または会社分割

不動産取得税および登録免許税が発生

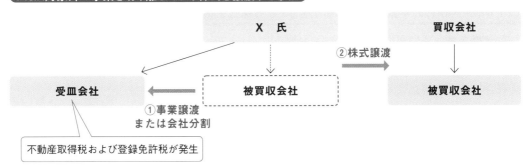

M&A対象外の事業を切り離してから株式を譲渡する手法

X 氏

②株式譲渡

受皿会社 ← 被買収会社

①事業譲渡
または会社分割

不動産取得税および登録免許税が発生

買収会社 → 被買収会社

法人税だけでなく、不動産取得税、登録免許税も検討する必要があるのね。

2 M&A対象外の事業を時価で譲渡してから、M&Aを行う手法

(1) M&Aの概要

　実務上、M&A対象外の事業を事業譲渡または会社分割で切り離してから株式を譲渡する手法があります。たとえば、飲食業を営んでいる法人が不動産賃貸業を営んでいる場合において、買収会社からすると不動産賃貸業のみを買収したいときに、**飲食業を切り離してから不動産賃貸業だけになった被買収会社株式を譲渡**するという手法が考えられます。

　もちろん、M&A対象外の事業よりもM&A対象の事業のほうが

大きい場合にも、**M&A対象外の事業を切り離してからM&A対象の事業だけになった被買収会社株式を譲渡する**ということが行われています。

コウジ

> 不動産M&Aの手法は、不動産会社の株主が変わるだけで、不動産は譲渡されていないから、不動産取得税、登録免許税の負担が発生しないというメリットがありそうだね。

（2）M&A対象外の事業を時価で切り離してから株式を譲渡する手法

事業譲渡または現金交付型分割（分社型）により、M&A対象外の事業を受皿会社に譲渡した後に、M&A対象の事業だけになった被買収会社株式を譲渡するという手法が考えられます。

この手法を採用した場合、事業譲渡または現金交付型分割（分社型）の段階では、グループ法人税制が適用されて譲渡損益が繰り延べられるものの*2、被買収会社株式を譲渡した段階で完全支配関係が解消されるため、被買収会社で**M&A対象外の事業に対する譲渡損益**が実現します。

しかし、この手法では、受皿会社に移転した不動産に対する不動産取得税が課されてしまいます。事業譲渡ではなく、現金交付型分割（分社型）を採用したとしても、不動産取得税の非課税要件において、**金銭等不交付要件**が課されているからです。（第1章第2節参照）。

＊2　完全支配関係のある内国法人間で資産を譲渡した場合には、譲渡損益が繰り延べられます（法法61の11）。すなわち、譲受法人において、当該資産の譲渡、償却、評価換え、貸倒れ、除却その他これらに類する事由が生じる場合、譲渡法人と譲受法人との間の完全支配関係が消滅する場合、または譲渡法人がグループ通算制度の開始、加入、離脱または終了に伴う時価評価課税の適用を受ける場合まで、譲渡法人において、譲渡損益を繰り延べ、これらの事由が生じたときに譲渡損益が実現します。

現金交付型分割後の株式譲渡

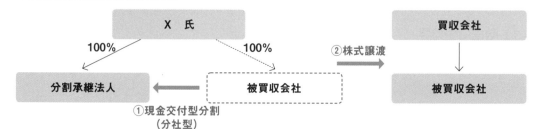

これに対し、株式交付型分割（分社型）を行った後に、分割承継法人株式を支配株主に譲渡し、分割法人株式（被買収会社株式）を買収会社に譲渡する手法であれば、**金銭等不交付要件に抵触しないこ**

とから、他の要件を満たせば、不動産取得税の非課税要件を充足することができます。

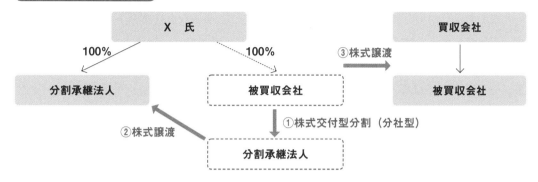

分社型分割後の株式譲渡

分社型分割を行った場合の税制適格要件の判定上、分割法人と分割承継法人との間に同一の者による完全支配関係または支配関係の継続が要求されていることから（法令4の3⑥ニロ、ハ(2)、⑦ニ）、分割法人株式を譲渡することが見込まれている場合には、完全支配関係内の適格分社型分割、支配関係内の適格分社型分割にそれぞれ該当しません。
そのため、株式交付型分割（分社型）を行った後に、分割承継法人株式を支配株主に譲渡し、分割法人株式（被買収会社株式）を買収会社に譲渡する手法を採用した場合には、非適格分社型分割として取り扱われます。

3 M&A対象外の事業を簿価で譲渡してから、M&Aを行う手法

前述のように、M&A対象外の事業を事業譲渡または会社分割により切り離してから株式を譲渡する手法が採用されることがあります。しかし、M&A対象外の事業に含み益がある場合には、当該M&A対象外の事業を切り離した時点で譲渡益が生じてしまいます。このような場合には、M&A対象外の事業を適格分割により切り離したいというニーズがあります。

しかしながら、分社型分割を行った場合には、**分割法人と分割承継法人との間における**同一の者による完全支配関係または支配関係の継続が要求されていることから（法令4の3⑥ニロ、ハ(2)、⑦ニ）、非適格分社型分割に該当してしまいます。

　これに対し、分割型分割を行った場合には、**分割承継法人に対する**同一の者による完全支配関係または支配関係が継続することが要求されるに留まり、分割法人に対する完全支配関係または支配関係が継続することは要求されていません（法令4の3⑥ニイ、ハ(1)、⑦ニ）。

　すなわち、分割型分割を行った後に、分割法人株式（被買収会社株式）を譲渡したとしても、グループ内の会社分割に該当することから、一定の要件を満たせば、**適格分割型分割**に該当します。その結果、分社型分割ではなく、分割型分割を行うことにより、M&A対象外の事業を簿価で切り離してからM&Aを行うことができます。

適格分割型分割を利用した手法

　そういえば、この前の事案では、M&A対象外の事業に含まれていた保険積立金の含み益がすごいことになっていたぞ。
　こういう場合には、適格分割型分割のニーズがありそうだね。

✕ 失敗事例 ✕

　適格分割型分割のスキームは、分割法人株式を譲渡する場合には適用できますが、分割承継法人株式を譲渡する場合には適用できません。

　もし、分割承継法人株式を譲渡してしまうと、非適格分割型分割に該当することから、**分割法人において譲渡損益が生じる**だけでなく、**分割法人の株主においてみなし配当が生じて**しまいます。

　実際に、分割法人と分割承継法人を逆にしてしまったがために、適格分割型分割になるはずのスキームが非適格分割型分割になってしまった失敗事例があります。

　被買収会社の株主が個人である場合には、配当所得に対する税負担が重くなってしまうため、注意しましょう。

4 被買収会社の株主が法人である場合

(1) 論点の整理

事業譲渡方式または会社分割方式を採用するのではなく、被買収会社の株主が株式を譲渡する場合には、**被買収会社の株主**における**株式譲渡損益**を検討する必要があります。

そして、実務上、被買収会社の株主が法人である場合において、被買収会社株式の帳簿価額が大きいときは、被買収会社の株主において**株式譲渡損**を認識することで節税ができる場合があります。

(2) 非適格分割型分割を利用した手法

被買収会社の株主が法人である場合には、みなし配当が生じたとしても**受取配当等の益金不算入**を適用することができるため、それほど支障がないことがほとんどです。そのため、下図のような非適格分割型分割を利用する手法も考えられます。

非適格分割型分割を利用した手法

この場合には、非適格分割型分割における X 社（支配株主）における仕訳は以下のとおりとなります。

【X社における仕訳[*3]】

（分割承継法人株式）	×××	（分割法人株式）	×××
		（みなし配当）	×××

このように、**みなし配当に相当する金額だけ被買収会社株式（分割承継法人株式）の帳簿価額を引き上げる効果**があるため、被買収会

*3　分割法人の簿価純資産に占める移転純資産の割合（分割移転割合）に応じて、①分割法人株式の帳簿価額から分割承継法人株式の帳簿価額に付け替えるべき金額、②みなし配当の金額をそれぞれ計算します。

社株式を譲渡した時点の**株式譲渡益を小さくする**か、**株式譲渡損を大きくする**効果が期待できます。

そして、事業譲渡または非適格分社型分割による手法との違いは、被買収会社の株主において株式譲渡損益が生じるという点にあります。そのため、もし、**株式譲渡損が生じる**ということであれば、非適格分割型分割による手法のほうが事業譲渡または非適格分社型分割による手法よりも有利であるといえます。

(3) 事業譲渡または分社型分割によりM&A対象外の事業を切り離す手法

M&A対象外の事業を時価で切り離すために、①事業譲渡による手法、②現金交付型分割（分社型）による手法、③株式交付型分割（分社型）を行った後に分割承継法人株式を支配株主に譲渡する手法のいずれを採用したとしても、**被買収会社株式の帳簿価額は引き下げられません**。

これに対し、M&A対象外の事業を簿価で切り離すために、適格分割型分割を採用した場合には、被買収会社の株主において、分割法人の簿価純資産に占める移転純資産の割合（分割移転割合）に応じて、**分割法人株式（被買収会社株式）の帳簿価額から分割承継法人株式の帳簿価額に付け替える**必要があります[*4]。

【被買収会社の株主における仕訳】

（分割承継法人株式）　×××　　　　　　（分割法人株式）　　×××

その結果、被買収会社株式の帳簿価額が大きい場合において、適格分割型分割による手法を採用すると、M&A対象外の事業を時価で切り離す手法を採用した場合に比べて、被買収会社の株主において生じる**株式譲渡損が小さくなってしまう**ことがあるので、注意しましょう。

被買収会社だけでなく、被買収会社の株主についても検討する必要があるということだね。

*4　分割法人株式の帳簿価額から分割承継法人株式の帳簿価額に付け替えるべき金額は以下のとおりです。なお、厳密には細かい規定がされていますが、ここでは概要のみを表記します。

$$分割承継法人株式の帳簿価額 = A \times \frac{B}{C}$$

A＝分割型分割の直前における分割法人株式の帳簿価額

B＝分割型分割の直前における分割事業の簿価純資産価額

C＝前事業年度末における分割法人の簿価純資産価額

✕ 失敗事例 ✕

　本章第3節で解説したように、第三者割当増資を行った後に株式譲渡を行うことで、被買収会社の株主において株式譲渡損を認識しつつ、被買収会社の繰越欠損金を毀損させないことが可能になります。

　しかし、第三者割当増資を行った後に、適格分割型分割を行ってしまった失敗事例があります。

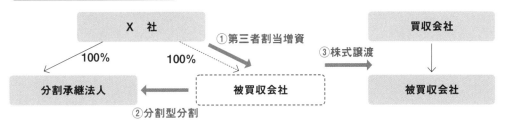

第三者割当増資後の分割型分割

　上記のスキームの結果、第三者割当増資により被買収会社株式の帳簿価額が増加したにもかかわらず、分割型分割により分割承継法人株式の帳簿価額に付け替えられました。

　この事案は、分割承継法人株式の帳簿価額を構成してしまった結果、被買収会社の株主で生じるはずだった多額の株式譲渡損が生じなくなってしまった失敗事例です。①非適格分社型分割によりM&A対象外の事業を切り離しておくか、②適格分割型分割を行った後に第三者割当増資を行っていれば、このような失敗事例は避けられたはずですので、注意しましょう。

5　おわりに

　本節で解説したように、一部の事業を譲渡する場合には、M&A対象の事業を譲渡する手法と、M&A対象外の事業を切り離してから株式を譲渡する手法の2つが挙げられます。また、後者の手法は、M&A対象外の事業を時価で移転する手法と簿価で移転する手法がそれぞれ考えられます。

　実務上は、これらのうち、最も有利な手法を選択する必要があります。

CHALLENGE!

被買収会社の株主が保有する被買収会社株式に多額の含み益がある場合には、M&A 対象外の事業を時価で切り離してから株式を譲渡する手法よりも、M&A 対象外の事業を簿価で切り離してから株式を譲渡する手法のほうが、有利になることが一般的です。それはなぜでしょうか。考えてみましょう。

他の株主からは買わないよ

第**6**節

～株式譲渡と自己株式の買取り～

古川ファンドが、また、上場会社の子会社を買収するみたいだよ。なんだか、最近は、いろいろな会社を買っているよね。でも、今度は、少数株主が提携先らしいから、少数株主を残したうえで、親会社からだけ株式を買収したいみたいなんだ。

たしか、株主が法人の場合には、受取配当等の益金不算入が適用できるスキームにメリットがあるという話があったよね（本章第2節参照）。でも、少数株主を残すとなると、事業を譲渡する手法は考えられない。株式を譲渡する手法を選択するとなると、もう、株式譲渡方式しかないよね。

でもさ、みなし配当が認識できる場合として、自己株式の取得があったよね。自己株式の取得と第三者割当増資をセットで使えば、親会社でみなし配当を認識できるんじゃないかな？

三人とも、M&Aに慣れてきたみたいですね。ユウタの言うように、株主が個人の場合には、株式譲渡益のほうが有利でしたが（本章第1節参照）、株主が法人の場合には、受取配当金のほうが有利といわれています。

そうなると、株主が法人である場合には、みなし配当を認識できるスキームを考えたいのですが、ユウタの言うように、少数株主に残ってもらうことを前提にすると、事業を譲渡する手法ではなく、株式を譲渡する手法を選択せざるを得ません。

コウジの指摘はごもっともです。みなし配当が認識できるのは、非適格合併や残余財産の確定だけではありません。その他資本剰余金の配当や自己株式の取得でも、みなし配当を認識することができます。

1 みなし配当

法人税法24条1項では、みなし配当を認識する場合として、以下のものが挙げられます。

(1) 非適格合併

(2) 非適格分割型分割

(3) 非適格株式分配

(4) その他資本剰余金の配当または解散による残余財産の分配

(5) **自己の株式または出資の取得（金融商品取引法2条16項に規定する金融商品取引所の開設する市場における購入による取得**その他の政令*1で定める取得および法人税法61条の2第14項1号から3号*2までに掲げる株式または出資の同項に規定する場合に該当する場合における取得**を除く**）

(6) 出資の消却、出資の払戻し、社員その他法人の出資者の退社または脱退による持分の払戻しなど

(7) 組織変更

*1　金融商品取引所の開設する市場における購入、店頭売買登録銘柄として登録された株式のその店頭売買による購入のほか、合併に反対する当該合併に係る被合併法人の株主の買取請求に基づく買取り、一株に満たない端数に相当する部分の対価としての金銭の交付などが規定されています。

*2　取得請求権付種類株式、取得条項付種類株式または全部取得条項付種類株式の取得のうち、①対価が発行法人の株式のみである場合、②対価が株式および新株予約権のみである場合をいいます。

コウジ　原則として、自己株式の取得だと、みなし配当を認識できるけど、金融商品取引所の開設する市場で買い取った場合には、みなし配当を認識できないんだね。

2 自己株式の取得と第三者割当増資

本章第2節で解説したように、被買収会社の株主が法人である場合には、株式譲渡益ではなく、**みなし配当**として認識することにより、**受取配当等の益金不算入**を適用できるというメリットがあります。そして、前述のように、自己株式の取得による手法であっても、みなし配当を認識することができます。

そのため、被買収会社が自己株式を買い取ったうえで、第三者割当増資により、買収会社に割り当てる手法が考えられます。

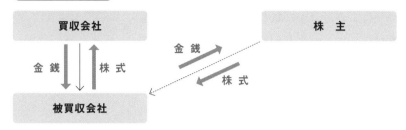

自己株式の買取り

買収会社 　　　　　　　　　　　　　　株　主

金　銭　株　式　　　　金　銭

　　　　　　　　　　　　株　式

被買収会社

*3　第三者割当増資を
行った後に自己株式の買取
りを行った場合には、1株
当たりの資本金等の額が変
わるため、みなし配当の金
額も変わるという点に注意
しましょう。

【みなし配当の計算】

$$みなし配当 = 株式譲渡代金 - 資本金等の額 \times \frac{譲渡株式数}{発行済株式総数}$$

　このように発生したみなし配当の金額は、株式譲渡損益の計算上、
譲渡収入の金額から控除されます（法法61の2①、措法37の10③）。

　すなわち、単純に株式を譲渡した場合には、株式譲渡損益として
認識されるのに対し、自己株式として買い取らせた場合には、**株式
譲渡損益の一部がみなし配当へ振り替えられます**[*3]。

サトウ
先生

この手法は、会社法上、分配可能額の範囲内で行わなければならないと
いう点に注意しましょう（会社法461）。すなわち、被買収会社のすべて
の株式を取得することができない事案がほとんどです。
そのため、この手法は、被買収会社の少数株主を残したうえで、大株主
からのみ株式を取得する場合に利用されています。

3　少数株主からの買取り

　少数株主からの株式の買取りについても、**他の株主が株式を取得
する手法**と**発行法人が自己株式として取得する手法**の2つが考えら
れます。

　このうち、自己株式として取得した場合には、株式を譲渡した少
数株主においてみなし配当が発生します。

　そのため、少数株主が法人である場合には、受取配当等の益金不
算入を適用することができることから、**自己株式の取得のほうが有
利**であると考えられます。

　これに対し、少数株主が個人である場合には、配当所得が総合課税の対象となり、累進課税による計算がなされるため、**株式を譲渡した少数株主の所得金額**によって、いずれが有利なのかが異なります。

> 少数株主からの買取りであっても、自己株式として取得する手法もあるんだね。

４ おわりに

　本節で解説したように、株式譲渡方式の代わりに、自己株式の取得による手法を選択することで、株式譲渡損益の一部をみなし配当に付け替えることができます。

　M&Aにおいては、株式譲渡損益になるのか、受取配当金になるのかが、最も重要な論点になるため、きちんと理解しておきましょう。

Ⓒ HALLENGE!

上場会社が自己株式を大量に買い取る手法として、自己株式の公開買付けによる手法とToSTNeTによる手法が挙げられます。

そして、本節で解説したように、自己株式の取得を行った場合には、みなし配当が認識されますが、金融商品取引所の開設する市場で買い取った場合には、みなし配当が認識されません。それでは、自己株式の公開買付けによる手法とToSTNeTによる手法で税務上の取扱いは異なるのでしょうか。考えてみましょう。

第 **7** 節 ふたつも会社はいらないよ
～買収後の統合と繰越欠損金～

ユウタ

大野不動産の大野社長が、田村リゾートを買収していたよね（本章第3節参照）。何とか繰越欠損金を毀損させずに買収したんだけど、やっぱり田村リゾートだけでは繰越欠損金を利用できないみたいなんだ。
大野社長としては、グループ会社の斎藤リゾートとの合併を考えているらしいんだけど、繰越欠損金を引き継ぐことなんかできるのかな？

マヤ

たしかに、田村リゾートと斎藤リゾートはグループ会社なんだけど、まだ買収してから1年も経っていないよね。こんなケースまで、グループ内の合併ということで税制適格要件を満たせるとは思えないんだけど。

コウジ

マヤの言うことはよく分かるよ。でも、今のところは、両方とも大野社長が保有している会社だから、一応は、グループ内の合併と考えていいんじゃないかな？でも、こんな取引は、組織再編税制を作った時から想定できていただろうから、何か制約がありそうなものだけど。

サトウ
先生

本章第3節で解説したように、買収してきた法人と合併する場合であっても、合併の直前に完全支配関係または支配関係があれば、グループ内の合併に該当します。そのため、ほとんどの事案において税制適格要件を満たすことができてしまいます。
しかし、マヤやコウジが言うように、このような事案であっても、適格合併として繰越欠損金を引き継ぐことができてしまうと、容易に租税回避を行うことができるため、支配関係が生じてから5年以内の合併に対しては、繰越欠損金の引継制限が課されています。
これを回避するためには、みなし共同事業要件や時価純資産超過額がある場合の特例について検討する必要があります。

1 概　要

　第1章第3節で解説したように、吸収合併を行った場合において、グループ内の合併に該当するかどうかは、合併の直前と合併後の継続見込みで判定します。そのため、たとえ外部から買収してきた法人と合併した場合であっても、**合併の直前**に支配関係が成立していれば、支配関係内の合併に該当し、**合併の直前**に完全支配関係が成立していれば、完全支配関係内の合併に該当します。

完全支配関係、支配関係の判定

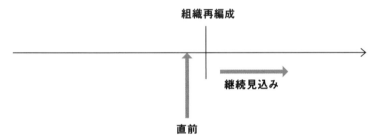

　そして、第1章第3節で解説したように、適格合併に該当した場合には、原則として、被合併法人の繰越欠損金を合併法人に引き継ぐことができます。そのため、外部から繰越欠損金や資産の含み損を有する法人を買収するような租税回避を防止するために、**支配関係（50％超の資本関係）が生じてから5年以内の法人**と適格合併を行った場合には、繰越欠損金の引継制限、使用制限、特定資産譲渡等損失額の損金不算入が課されています（法法57③④、62の7）。

　具体的な繰越欠損金の引継制限、使用制限は、以下のフローチャートにより判定します。なお、本節では、繰越欠損金の引継制限と使用制限を総称して、「繰越欠損金の利用制限」と表記します。

〈繰越欠損金の利用制限の判定フローチャート〉

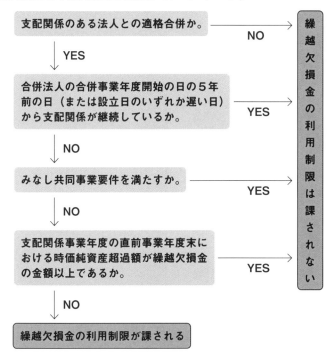

　そして、特定資産譲渡等損失額の損金不算入についても、以下の
フローチャートにより判定します。なお、第1章第3節で解説した
ように、**被合併法人から引き継いだ資産（特定引継資産）**だけでな
く、**適格合併前から合併法人が保有していた資産（特定保有資産）**に
対しても、特定資産譲渡等損失額の損金不算入が課されているとい
う点に注意しましょう。

〈特定資産譲渡等損失額の損金不算入の判定フローチャート〉

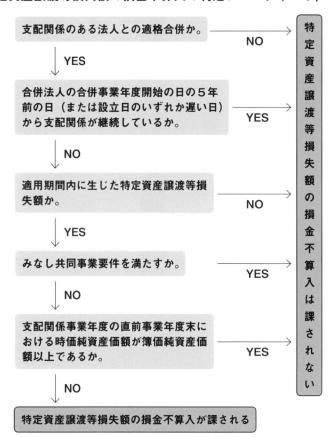

◆適用期間

　特定資産譲渡等損失額の損金不算入に係る適用期間は、**合併事業年度開始の日以後3年を経過する日と支配関係発生日以後5年を経過する日のいずれか早い日**までとされています。つまり、合併法人が3月決算法人である場合において、合併の日が×8年7月1日であり、支配関係発生日が×7年10月1日であるときは、合併事業年度開始の日が×8年4月1日であることから、合併事業年度開始の日以後3年を経過する日は×11年3月31日になります。そして、支配関係発生日以後5年を経過する日は×12年9月30日になります。そのため、このいずれか早い日である×11年3月31日を経過してしまえば、特定資産譲渡等損失額の損金不算入が課されません。

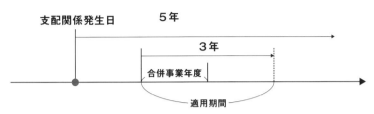

被買収会社から引き継ぐ繰越欠損金や特定資産だけでなく、買収会社が買収前に持っている繰越欠損金や特定資産も制限の対象になるんだね。

2 みなし共同事業要件

(1) 概　要

　支配関係発生日から合併法人の合併事業年度開始の日までの期間が5年未満であっても、みなし共同事業要件を満たすのであれば、繰越欠損金の利用制限、特定資産譲渡等損失額の損金不算入は適用されません。

　具体的に、みなし共同事業要件を満たすためには、以下の要件を充足する必要があります（法令112③⑩）。

① 　事業関連性要件

② 　事業規模要件

③ 　事業規模継続要件

④ 　②③を満たさない場合には、特定役員引継要件

(2) 事業関連性要件

　吸収合併を行った場合において、事業関連性要件を満たすためには、被合併法人の被合併事業と合併法人の合併事業とが相互に関連する必要があります（法令112③一、⑩）*1。「相互に関連する」とは、シナジー効果があることを意味するところ、**シナジー効果のない会社を買収することは稀である**ため、実務上、事業関連性要件を満たせる案件がほとんどです。

*1　被合併事業とは「被合併法人の合併前に行う主要な事業のうちのいずれかの事業」をいい、合併事業とは「合併法人の合併前に行う事業のうちのいずれかの事業」をいいますが、被合併法人も合併法人も単一事業であると認定されることが多いことから、被合併法人が行う事業を被合併事業とし、合併法人が行う事業を合併事業と考えて差し支えありません。

コウジ

法律事務所に勤めている先輩に聞いたところ、ファンドが買い手になる場合には、SPC（買収目的会社）を作って、SPCが被買収会社株式を取得するケースが多いみたいだよ。
SPCは、ペーパー会社だから、こういう事案では、事業関連性要件は満たせないだろうね。

（3）事業規模要件

① 基本的な取扱い

　吸収合併を行った場合において、事業規模要件を満たすためには、以下のいずれかの規模の割合が**おおむね5倍**を超えないことが必要になります（法令112③二、⑩）。

- ・　被合併事業と合併事業の**売上金額**
- ・　被合併事業と合併事業の**従業者の数**
- ・　被合併法人と合併法人の**資本金の額**
- ・　これらに準ずるもの

　なお、上記のすべての規模の割合がおおむね5倍以内である必要はなく、**いずれか1つのみ**がおおむね5倍以内であれば事業規模要件を満たすことができます（法基通1-4-6（注））。

② 売上金額の比較

　売上金額の規模は、合併直前の一時点で判定することはできないので、一定の期間における売上金額により判定する必要があります。そして、本来であれば、その期間は、**合併の直前の規模**を比較するために、合併の直前の短い期間であることが望ましいと思われます。

　しかし、**季節変動の激しい事業や短期的に売上が増減するような事業**もあるため、1週間や1か月の売上金額が会社の規模を正しく反映していないことも少なくなく、1年間の売上金額をもって会社の規模を把握することが多いと思われます。

　そのため、合併の直前までの間に、異常な売上の増減がある場合を除き、**合併直前の1年間の売上金額**によって、事業規模要件を判定すべきであると考えられます。

③ 従業者の数の比較

　従業者の数については、売上金額と異なり、**合併の直前における従業者の数**を比較します。この場合における従業者とは、従業員とは異なり、**合併の直前において被合併法人の合併前に営む事業に現に従事する者**をいいます（法基通1-4-4）。

　そのため、従業員だけでなく、**取締役、監査役、執行役、出向受入社員、派遣社員、アルバイトやパートタイムで働いている者**などが含まれます。また、他社に出向している者は、たとえ従業員であっても、合併法人または被合併法人の事業に従事していないことから、「従業者」からは除かれます。

④ 資本金の額の比較

　資本金の額についても、**合併の直前における資本金の額**で比較します。この場合の「資本金の額」とは、会社法上の資本金の額をいうため、**法定準備金やその他の剰余金**は含まれません。

　そのため、簿価純資産価額が大きく異なるにもかかわらず、資本金の額の規模の割合が5倍以内であることを理由として、事業規模要件を満たしてしまう事案も少なくありません。

「簿価純資産価額」ではなく、「資本金の額」で事業規模を判定するというのがポイントなのね。

（4）事業規模継続要件

　繰越欠損金の利用制限、特定資産譲渡等損失額の損金不算入は、支配関係が生じてから5年以内に合併することを前提として規定されているため、買収後に規模を増減させることにより、事業規模要件を満たそうとする租税回避が考えられます。

　そのため、事業規模継続要件を課すことにより、そのような租税回避が防止されています。具体的な事業規模継続要件の内容は以下のとおりです（法令112③三、四、⑩）。

　①　被合併事業が支配関係発生日から適格合併の直前の時まで継

続して行われており、かつ、支配関係発生日と適格合併の直前
の時における被合併事業の規模の割合が**おおむね2倍**を超えな
いこと

② 合併事業が支配関係発生日から適格合併の直前の時まで継続
して行われており、かつ、支配関係発生日と適格合併の直前の
時における合併事業の規模の割合が**おおむね2倍**を超えないこ
と

そして、売上金額、従業者の数、資本金の額もしくはこれらに準
ずるものの規模のうち、**事業規模要件で使用した指標**が、事業規模
継続要件の判定でも用いられるという点に注意しましょう。

そのため、事業関連性要件を満たす場合において、資本金の額に
より事業規模要件および事業規模継続要件を満たしたときは、その
他の指標を考慮するまでもなく、みなし共同事業要件を満たすこと
ができます。

事業規模要件および事業規模継続要件

資本金の額が動くことはほとんどないから、資本金の額で事業規模要件
が満たせれば、みなし共同事業要件も充足できそうだね。

(5) 特定役員引継要件

事業規模要件および事業規模継続要件の代替として、特定役員引
継要件が認められています。

特定役員引継要件を満たすためには、**被合併法人の適格合併前に
おける特定役員である者のいずれかの者**と、**合併法人の適格合併前
における特定役員である者のいずれかの者**とが当該適格合併後に**合**

併法人の**特定役員となること**が見込まれている必要があります（法令112③五、⑩）。

そして、特定役員とは、以下のように定義されているため、取締役のうち、**常務取締役以上の職位**であれば、原則として、特定役員に該当します。

◆特定役員の定義

社長、副社長、代表取締役、代表執行役、専務取締役、常務取締役またはこれらに準ずる者で法人の経営に従事している者

ただし、事業規模継続要件が設けられた制度趣旨と同様に、買収後に役員構成を変えることによって、特定役員引継要件を満たそうとする租税回避が考えられるため、みなし共同事業要件の判定における特定役員は、**支配関係発生日前における役員または当該これらに準ずる者である者**に限られているという点に注意しましょう[*2][*3]。

*2　当該支配関係が法人の設立により生じたものである場合には、設立日において役員等であった者になります。

*3　支配関係発生日前の職位は、特定役員であることまでは求められていないため、平取締役であっても、合併の直前までに特定役員に昇格していれば、特定役員引継要件を満たすことができます。

*4　支配関係発生日から合併事業年度開始の日まで5年を経過する場合またはみなし共同事業要件を満たす場合には、この特例を利用しなくても、繰越欠損金の利用制限、特定資産譲渡等損失額の損金不算入の適用対象から除外されます。

*5　時価純資産価額が簿価純資産価額を超える部分の金額をいいます。

特定役員引継要件

被合併法人の特定役員1人以上と合併法人の特定役員1人以上とが、合併後に合併法人の特定役員になれば、特定役員引継要件を満たせるんだね。

3 時価純資産超過額または簿価純資産超過額がある場合の特例

繰越欠損金の利用制限、特定資産譲渡等損失額の損金不算入に対して、下表の特例が認められています[*4]。たとえば、繰越欠損金が300百万円であり、時価純資産超過額[*5]が1,000百万円である場合には、適格合併を行わなくても繰越欠損金を利用できるという趣旨で設けられた特例です（法令113、123の9）。

かつては、時価純資産価額の算定において、のれんを含めることができるかどうかは議論がありましたが、現在では、**のれんを含めることができる**という解釈が通説となっています[6]。そのため、**買収価額を基礎に被買収会社の時価純資産価額を算定する**ことにより、時価純資産超過額を引き上げることができるようになりました。

*6　『平成29年版税制改正の解説』333頁（注3）参照。

〈時価純資産価額が簿価純資産価額以上である場合等の特例〉

		時価純資産超過額が繰越欠損金以上である場合	時価純資産超過額が繰越欠損金未満である場合	簿価純資産超過額がある場合
繰越欠損金	支配関係事業年度前の繰越欠損金	繰越欠損金の利用制限は課されません。	時価純資産超過額を超える部分についてのみ、繰越欠損金の利用制限が課されます。	繰越欠損金の利用制限が課されます。
	支配関係事業年度以後の繰越欠損金	繰越欠損金の利用制限は課されません。		特定資産譲渡等損失相当額のうち、簿価純資産超過額に相当する部分のみが、繰越欠損金の利用制限の対象になります。
特定資産譲渡等損失額の損金不算入		損金算入は制限されません。		① 繰越欠損金の特例あり　損金算入は制限されません。 ② 繰越欠損金の特例なし　簿価純資産超過額の範囲内で損金算入が制限されます。

サトウ先生

上記の特例は、①被合併法人から引き継ぐ繰越欠損金および特定引継資産と、②合併法人が保有していた繰越欠損金および特定保有資産とに分けて、別々に検討する必要があります。

すなわち、被合併法人に時価純資産超過額がある場合には、繰越欠損金の引継制限、特定引継資産譲渡等損失額の損金不算入に対する特例を受けることができますが、繰越欠損金の使用制限、特定保有資産譲渡等損失額の損金不算入の特例を受けるためには、合併法人に時価純資産超過額がある必要があります。

4 特定資産譲渡等損失からの除外

(1) 繰越欠損金の利用制限

　繰越欠損金の利用制限の対象になったとしても、すべての繰越欠損金に対して制限が課されるわけではなく、以下の金額のみが制限を受けます（法法57③④）。

　①　支配関係事業年度前の各事業年度において生じた繰越欠損金の**全額**

　②　支配関係事業年度以後の各事業年度において生じた繰越欠損金のうち**特定資産譲渡等損失相当額**

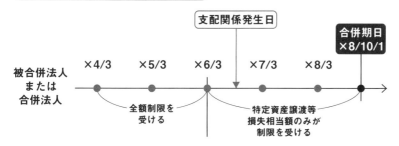

繰越欠損金の利用制限を受ける金額

◆支配関係事業年度

　支配関係発生日の属する事業年度

◆特定資産譲渡等損失相当額

　対象となる各事業年度において生じた繰越欠損金のうち、支配関係発生日の属する事業年度開始の日前から有する資産の譲渡、評価換え、貸倒れ、除却その他これらに類する事由から生じた損失から構成される繰越欠損金（法令112⑤一）

　M&Aの実務では、①買収前に生じた繰越欠損金と②買収後に生じた繰越欠損金のうち特定資産譲渡等損失相当額が、制限の対象になります。そのため、実務上、買収後に生じた繰越欠損金のうち**特定資産譲渡等損失相当額に該当しない金額**を把握することで、繰越欠損金の利用制限の対象から除外される繰越欠損金を把握すること

が重要になります。

　たとえば、買収会社が3月決算である場合において、買収の日が×6年10月1日であるときは、×7年3月期が支配関係事業年度となります。実務上、役員退職慰労金の支払いを買収の日である×6年10月1日に行うことが多いため、役員退職慰労金から構成される繰越欠損金は**支配関係事業年度以後の繰越欠損金**となります。役員退職慰労金の支払いは、明らかに、資産の譲渡等により生じた損失ではないため、**特定資産譲渡等損失相当額**から除外することができます。

　このように、特定資産譲渡等損失相当額から除外することができれば、みなし共同事業要件や時価純資産超過額の特例を満たしていなくても、被買収会社の繰越欠損金を買収会社に引き継ぐことができます。

　まずは、みなし共同事業要件の検討を行って、それでダメなら、時価純資産超過額の特例の検討を行って、それでもダメなら、繰越欠損金の利用制限を受けてしまうけど、制限される金額が少額なら構わないという事例はありそうだね。

（2）特定資産譲渡等損失額の損金不算入

　特定資産譲渡等損失額の損金不算入は、**特定資産の譲渡等**により生じた損失について制限されます。すなわち、**特定資産から除外することができれば**、特定資産譲渡等損失額の損金不算入の対象から除外することができます。具体的には、以下のとおりです。

① 　特定引継資産とは、被合併法人が**支配関係発生日前から有する資産**をいい、特定保有資産とは、合併法人が**支配関係事業年度開始の日前から有する資産**をいいます。そのため、これらの日よりも後に取得した資産は、特定資産に該当しません。

② 　人件費（給与、賞与、退職金）の支払、利息の支払、損害賠償金の支払、保証債務の履行などにより多額の損失が生じた場合であっても、**特定資産から生じた損失ではない**ことから、特定資産譲渡等損失額の損金不算入の対象にはなりません。

③ **帳簿価額または取得価額が10百万円に満たない資産**は、特定資産から除外されています[*7]。そして、以下の評価単位により10百万円未満であるか否かを判定します（法規27の15①）。

〈評価単位〉

区　分		評価単位
金銭債権		債務者ごと
減価償却資産		
	建物	一棟ごと （ただし、建物の区分所有等に関する法律1条（建物の区分所有）の規定に該当する建物にあっては、同法2条1項（定義）に規定する建物の部分ごと）
	機械及び装置	一の生産設備または一台もしくは一基（通常一組または一式をもって取引の単位とされるものにあっては、一組または一式）ごと
	その他	上記に準じて区分する。
土地等		一筆（一体として事業の用に供される一団の土地等にあっては、その一団の土地等）ごと
有価証券		銘柄の異なるごと
その他の資産		通常の取引の単位を基準として区分する。

*7　厳密に言うと、以下のものは、特定資産から除外されています（法令123の8②⑪⑫）。しかし、帳簿価額または取得価額が10百万円に満たないものを特定資産から除外してしまえば、ほとんどの資産が特定資産から除外されるため、下記(ⅲ)だけを理解しておけば十分であると思われます。
（ⅰ）棚卸資産（土地、土地の上に存する権利は除く）
（ⅱ）短期売買商品等、売買目的有価証券
（ⅲ）帳簿価額または取得価額が10百万円に満たないもの
（ⅳ）時価が税務上の帳簿価額以上である資産
（ⅴ）適格合併に該当しない合併により移転を受けた資産で譲渡損益調整資産以外のもの

マヤ

特定資産に該当する資産は、それほど多くはなさそうだし、3年くらいなら、譲渡をしないようにコントロールもできそうだね。

サトウ先生

「譲渡等損失額」とは、譲渡、評価換え、貸倒れ、除却その他これらに類する事由による損失額と規定されています。

さらに、その対象から除外されるものが法令上列挙されており、実務上、頻出するものとして、「減価償却資産の除却（ただし、当該減価償却資産の帳簿価額が、適正な減価償却を行ったものと仮定した場合における帳簿価額に相当する金額のおおむね2倍を超えるものを除く。）」が挙げられます（法令123の8⑤五、⑪⑫）。

このように、特定資産から除外できなくても、譲渡等損失額から除外することにより、特定資産譲渡等損失額から除外することができます。

5　おわりに

　このように、支配関係が生じてから5年を経過していない場合で
あっても、一定の要件を満たせば繰越欠損金を引き継ぐことができ
ます。本節では網羅性の観点から、時価純資産超過額がある場合の
特例や特定資産譲渡等損失額からの除外についても解説しましたが、
みなし共同事業要件を満たしていれば、これらを検討するまでもな
く、繰越欠損金の利用制限、特定資産譲渡等損失額の損金不算入は
課されません。

　そのため、実務上は、みなし共同事業要件を満たすかどうかが最
も重要になります。

CHALLENGE!

みなし共同事業要件の判定における「特定役員」は、支配関係発生日前における役員等に限ら
れています。

それでは、買収前に、買収会社の社長を被買収会社の専務取締役に送り込んだ場合には、特定
役員引継要件を満たすことができるのでしょうか。考えてみましょう。

古川ファンドが、資産管理会社を買収するらしいよ。どうやら資産管理会社を買収することが目的じゃなくて、資産管理会社の子会社を買収することが目的みたいなんだ。資産管理会社が子会社株式を譲渡すると、資産管理会社で法人税が発生してしまう。けど、オーナーが資産管理会社の株式を譲渡するなら、オーナーでは譲渡所得が発生するけど、資産管理会社では法人税は発生しない。よく考えたスキームだよね。

たしかに、よくできたスキームだけど、欠損等法人の規制は大丈夫なのかな？ たしか、平成18年度税制改正で、欠損等法人に対する規制が導入されたよね。資産管理会社には事業もないし、売上もないから、欠損等法人には該当してしまうと思うんだけど。

たしかに、欠損等法人には該当してしまうかもしれないね。でも、資産管理会社の繰越欠損金は少額だし、含み損のある資産もない。もし、欠損等法人に該当したとしても、それほど実害があるとは思えないわ。

平成18年度税制改正前までは、繰越欠損金のあるペーパー会社の売買が行われていました。そのため、ユウタの言うように、平成18年度税制改正では、欠損等法人に対する規制が導入されました。

マヤの言うように、欠損等法人の繰越欠損金が少額であり、含み損のある資産もないのであれば、それほど実害はないのかもしれません。

しかし、欠損等法人を合併法人とする適格合併により繰越欠損金を引き継ぐことも制限されているので、将来における事業会社との合併で繰越欠損金が引き継げなくなるという問題が生じてしまいます。

1 特定株主等によって支配された欠損等法人の欠損金の繰越しの不適用

　平成18年度税制改正により、繰越欠損金のある欠損等法人を買収し、当該繰越欠損金を利用することに対して、**特定株主等によって支配された欠損等法人の欠損金の繰越しの不適用**（法法57の2）が設けられました。本規定が適用されるか否かは、以下のフローチャートにより判定します（法法57の2①）。

〈欠損等法人の欠損金の繰越しの不適用の判定フローチャート〉

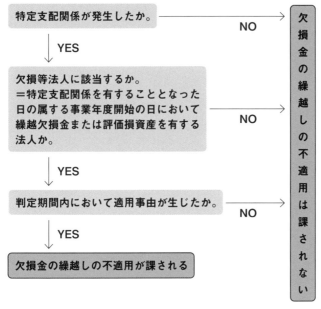

◆特定支配関係

　欠損等法人の発行済株式または出資の総数または総額の**100分の50を超える数または金額**の株式または出資を直接または間接に保有する関係（法法57の2①、法令113の3①②、法法2十二の七の五、法令4の2①）

2 特定株主等によって支配された欠損等法人の資産の譲渡等損失額の損金不算入

　平成18年度税制改正により、欠損等法人の適用期間内において生ずる**特定資産の譲渡等特定事由による損失の額**は、当該欠損等法人の各事業年度の所得の金額の計算上、損金の額に算入することがで

きなくなりました（法法60の3①）。

　これは、特定株主等によって支配された欠損等法人の欠損金の繰越しの不適用と同様の趣旨により、欠損等法人の保有する資産の含み損を利用した租税回避を防止するために設けられたものです。

◆**特定資産**

以下のいずれかの資産をいいます。

・　欠損等法人が**特定支配日の属する事業年度開始の日**において有する資産

・　欠損等法人が適用事業年度*1の開始の日以後に行われる他の者または関連者*2からの適格組織再編成等*3により移転を受けた資産

＊1　適用事由に該当したことにより、欠損等法人の規制の適用を受けた事業年度をいいます。
＊2　「他の者」とは、欠損等法人を支配している者をいい、「関連者」とは、他の者に支配されている他の法人をいいます。
＊3　「適格組織再編成等」とは、適格合併、非適格合併のうち譲渡損益の繰延への適用があるもの、適格分割、適格現物出資または適格現物分配をいいます。

3 欠損等法人の意義

　欠損等法人とは、特定支配事業年度において、以下のものを有する法人をいいます。

・　特定支配事業年度前の各事業年度において生じた**欠損金額**
・　特定支配事業年度開始の日において有する**評価損資産**

◆**特定支配事業年度**

特定支配関係を有することとなった日の属する事業年度

◆**評価損資産**

　以下に掲げるもののうち、特定支配事業年度開始の日における価額が同日における帳簿価額に満たない資産（法令113の3⑥）

・　固定資産
・　土地（土地の上に存する権利を含む）
・　有価証券（売買目的有価証券および償還有価証券を除く）
・　金銭債権
・　繰延資産
・　資産調整勘定
・　繰延譲渡損失

　しかし、上記に該当したとしても、当該含み損の金額が当該欠損
等法人の資本金等の額の2分の1に相当する金額と10百万円のいず
れか少ない金額に満たないものは、評価損資産から除かれています。

　また、含み損の評価単位は、次の資産の区分に応じ、次に定める
ところにより、区分した後の単位とされています（法規26の5①、
27の15①）。

〈評価単位〉

区　　分	評価単位
金銭債権	債務者ごと
減価償却資産	
建　物	一棟ごと （建物の区分所有等に関する法律1条（建物の区分所有）の規定に該当する建物にあっては、同法2条1項（定義）に規定する建物の部分ごと）
機械及び装置	一の生産設備または一台もしくは一基（通常一組または一式をもって取引の単位とされるものにあっては、一組または一式）ごと
その他	上記に準じて区分する。
土地等	一筆（一体として事業の用に供される一団の土地等にあっては、その一団の土地等）ごと
有価証券	銘柄の異なるごと
その他の資産	通常の取引の単位を基準として区分する。

4　制限の対象となる適用事由

　欠損等法人の規制は、すべての欠損等法人に対して課されるわけ
ではなく、以下の場合についてのみ課されます。

① 欠損等法人が特定支配日の直前において**事業を営んでいない場合**[*4]

② 欠損等法人が特定支配日の直前において営む事業のすべてを
**当該特定支配日以後に廃止し、または廃止することが見込まれ
ている場合**[*5]

③ 欠損等法人に対する特定債権[*6]を取得している場合[*7]

④ 欠損等法人が自己を被合併法人とする適格合併を行い、また
は当該欠損等法人の残余財産が確定した場合

［*4］ 厳密には、特定支配
日以後に事業を開始した場
合に、欠損等法人の規制が
課されます。

［*5］ 厳密には、特定支配
日の直前における事業規模
のおおむね5倍を超える資
金の借入れまたは出資によ
る金銭その他の資産の受入
れを行った場合に、欠損等
法人の規制が課されます。

［*6］ 特定債権とは、欠損
等法人に対する債権でその
取得の対価の額が当該債権
の額の100分の50に相当
する金額に満たない場合で、
かつ、当該債権の取得の時
における当該欠損等法人の
債務の総額のうちに占める
割合が100分の50を超え
る場合における当該債権を
いいます（法令113の3⑯）。

［*7］ 厳密には、特定支配
日の直前における事業規模
のおおむね5倍を超える資
金の借入れまたは出資によ
る金銭その他の資産の受入
れを行った場合に、欠損等
法人の規制が課されます。

⑤　欠損等法人が特定支配関係を有することとなったことに基因して、当該欠損等法人の当該特定支配日の直前の**特定役員のすべて**が退任[8]をし、かつ、当該特定支配日の直前において当該欠損等法人の業務に従事する**使用人の総数のおおむね100分の20以上**に相当する数の者が当該欠損等法人の使用人でなくなった場合[9]

なお、上記⑤は「基因」と規定されているため、特定支配関係の成立と、役員の退任、使用人の退職との間に**相当因果関係**が必要になります。すなわち、買収後の後発事象により、役員の退任、使用人の退職があったとしても、欠損等法人の規制の対象にはならないという点に注意しましょう。

コウジ

不動産賃貸業を行っている会社の買収ならいいけど、収益を生み出していない不動産を保有しているだけの会社の買収だと、適用事由に該当しそうだよね。

5　欠損等法人を合併法人とする適格合併

適用事由に該当した日以後に欠損等法人を合併法人とする適格合併を行った場合には、**被合併法人の繰越欠損金を欠損等法人である合併法人に引き継ぐことは認められていません**（法法57の2②一）。

そのため、欠損等法人である資産管理会社を合併法人、事業会社を被合併法人とする適格合併を行う場合には、**事業会社の繰越欠損金を資産管理会社に引き継ぐことができません**[10]。

このことは、資産管理会社の子会社である事業会社を実質的に買収するために、**資産管理会社の株式を取得した場合**であっても、同様であると考えられます[11]。

なお、法人税法57条2項の規定を適用させないという規定なので、支配関係事業年度前の事業年度かどうかを問わず、**被合併法人の繰越欠損金の全額**に対して引継制限が課されるという点に注意しましょう[12]。

---

*8　業務を執行しないことを含みます。

*9　厳密には、当該欠損等法人の非従事事業（旧使用人がその業務に実質的に従事しない事業をいう）の事業規模が旧事業の特定支配日の直前における事業規模のおおむね5倍を超えることとなった場合に、欠損等法人の規制が課されます。

*10　適格合併による事業の受入れが事業の開始に該当するので、（注4）にあるように、適用事由に該当することにより、欠損等法人の規制が課されてしまいます。

*11　西村美智子・鶴穎明美「欠損金のあるオーナーの資産管理会社を買収し合併した場合の欠損金の制限（欠損等法人）」国税速報6042号26-27頁（平成21年）では、本書で紹介した事案とは異なる事案ですが、資産管理会社が欠損等法人になる事案が紹介されています。

*12　厳密には、適格合併が欠損等法人の適用事業年度開始の日以後3年を経過する日（その経過する日が特定支配日以後5年を経過する日後となる場合には、同日）後に行われるものである場合には、適用事業年度開始の日前に開始した事業年度で発生した繰越欠損金を引き継ぐことができませんが（法法57の2②一）、適用事業年度開始の日以後に開始した事業年度で発生した繰越欠損金を合併法人である欠損等法人に引き継ぐことができるか否かは、組織再編税制（法法57③）により判断します。

*13 適用事業年度前の各事業年度において生じた繰越欠損金を引き継ぐことができませんが、適用事業年度において生じた繰越欠損金については、組織再編税制の規制（法法57③）をクリアできれば、引き継ぐことができます。

このように、欠損等法人を合併法人とする適格合併を行った場合には、被合併法人の繰越欠損金を引き継ぐことができません。そうなると、事業会社で役員退職慰労金を支払った後に、資産管理会社を合併法人とし、事業会社を被合併法人とする適格合併を行っても、役員退職慰労金から構成される繰越欠損金を引き継ぐことができないということになります。これに対し、欠損等法人を被合併法人とする適格合併を行った場合には、欠損等法人の繰越欠損金を引き継ぐことは認められていませんが（法法57の2④）*13、合併法人の繰越欠損金に対しては、組織再編税制による規制（法法57④）はあるものの、欠損等法人による規制はありません。

そのため、事業会社を合併法人とし、資産管理会社を被合併法人とすることも検討すべきでしょう。

6 適用事由が生じたか否かの判定期間

　欠損等法人の規制は、半永久的に課されるわけではないため、一定の期間が経過した後に適用事由が生じた場合には適用されません。

　具体的には、特定支配日から以下のいずれか早い日までに適用事由が発生した場合にのみ、欠損等法人の規制が適用されます。

（1）特定支配日以後5年を経過した日の前日まで

（2）他の者による特定支配関係を有しなくなった日

（3）欠損等法人の債務につき一定の債務の免除その他の行為があった日

（4）欠損等法人において更生手続開始の決定等があった日

（5）欠損等法人が解散した日（解散後の継続または資金借入れ等の見込みがないものに限り、特定支配日前の解散および合併による解散を除く）

7 おわりに

　このように、欠損等法人の規制に抵触するのは、かなり限られた事案であると思われます。しかしながら、実際に適用されてしまった場合には、繰越欠損金や資産の含み損を使用できなくなるため、M&Aの際には、常に検討が必要になります。

CHALLENGE!

欠損等法人を買収した場合であっても、特定支配関係が生じてから5年を経過していれば、欠損等法人の規制が課されません。

そのため、特定支配関係が生じてから5年を経過するまで待つという手法が考えられます。なぜなら、繰越欠損金の繰越期限が9年または10年であることから、特定支配関係が生じてから5年を経過していても、繰越欠損金の繰越期限が到来していない可能性があるからです。

それでは、このような手法は、租税回避に該当するのでしょうか。考えてみましょう。

第1章

第1節

　会社を譲渡することを前提に経営をしている連続起業家であればともかくとして、一般的な事業承継M&Aでは、会社を譲渡することを前提に経営をしていたわけではありません。そのため、オーナー経営者がM&Aを決断したタイミングで、事業に対するモチベーションが減少し、業績が悪化してしまい、むしろ譲渡価額が引き下げられてしまうことがあります。

　もし、経営改善をしてからM&Aを行うのであれば、売上を増やす時間的な余裕はありません。そのため、費用を減らすことにより、正常収益力を引き上げていくしかないと思われます。

第2節

　登録免許税および不動産取得税の課税標準は、固定資産税評価額になります。そのため、保有している不動産の固定資産税評価額が高い業種では、株式譲渡方式を採用せざるを得ない場合があります。

　このような業種として、ゴルフ場、温泉旅館、ホテル、不動産賃貸業などが挙げられます。

第3節

　非適格分割型分割に該当することから、分割法人において譲渡損益が発生します。さらに、分割法人の株主等において、みなし配当が発生します。

　分割承継法人において資産調整勘定（のれん）を認識できるというメリットがありますが、上記のような問題があるため、分割法人の株主等が個人である場合には、非適格分社型分割を採用することにより、少なくとも分割法人の株主等における課税は回避しておく必要があるでしょう。

　これに対し、分割法人の株主等が法人である場合には、分割法人の株主等で株式譲渡損を認識することによりメリットが生じることがあります。この点については、第2章第5節をご参照ください。

第4節

　国税庁HP質疑応答事例「被買収会社の従業員に付与されたストックオプションを買収会社が買い取る場合の課税関係」では、譲渡制限が解除された日において、給与所得等として課税されることが明らかにされています。

第5節

(1)時価よりも安い金額による第三者割当増資

　有利発行に該当するので、払込金額と時価との差額について、引受人において、法人税、所得税または贈与税の問題が生じます。引受人が個人の場合には、以下のように整理されています（森田哲也『令和2年11月改訂版相続税法基本通達逐条解説』161頁（大蔵財務協会、令和2年）参照）。

　① 給与所得または退職所得として所得税の課税対象とされるもの

　・・・募集株式引受権の利益を給与所得または退職所得として与えられた場合

　② 贈与により取得したものとして贈与税の課税対象とされるもの

　・・・①に該当しない場合で、旧株主と新株または自己株式を引き受けた者が親族等の関係にあり、かつ、その発行会社が同族会社であるとき

　③ 一時所得として課税されるもの

　・・・①および②のいずれにも該当しない場合

　これに対し、発行法人では資本等取引であるため、払い込まれた金銭の額を資本金等の額にするだけで課税関係は生じません。

　既存株主においても課税関係が生じないのが原則ですが、オウブンシャ・ホールディングス事件（最三小判平成18年1月24日TAINSコードZ256-10279）では、租税回避事案であったことから、「無償による資産の譲渡又は役務の提供その他の取引」により生ずる収益の額を益金の額に算入すべきであると判示されています。

(2)時価よりも高い金額による第三者割当増資

　高額引受けに該当するので、引受人において、時価を上回る部分の金額について、有価証券の取得価額に含めることができるかどうかが問題になります。

　これに対し、発行法人では資本等取引であるため、払い込まれた金銭の額を資本金等の額にするだけで課税関係は生じません。

　既存株主においては、株主間贈与の問題が生じるため、法人税、所得税または贈与税の

問題が生じることがあります。

第6節

　法人税法上、事業譲渡により減価償却資産を取得した場合には、当該減価償却資産が中古固定資産として取り扱われます。そのため、取得価額、取得年月日、耐用年数などをそれぞれ見直す必要があります。

　さらに、取得価額が100千円未満のものがあれば少額固定資産として処理され（法令133）、100千円以上200千円未満のものがあれば一括償却資産として処理されます（法令133の2）。特に、機械装置や工具器具備品については、適正な減価償却を行った後の帳簿価額を時価として取引することがほとんどです。そして、被買収会社が取得した時点では時価が200千円以上であったものが、事業譲渡の時点まで減価償却が進み、時価が100千円未満まで下落しているものも少なくありません。

　1件当たりの帳簿価額が小さかったとしても、時価が100千円未満まで下落した減価償却資産を合計すると多額になることがあります。その結果、事業譲渡の日の属する事業年度において、多額の損金の額が生じることがあります。

第7節

　国税徴収法および地方税法では、第2次納税義務として、以下のものが規定されています（国徴法38、39、地法11の7、11の8）。

　（1）特殊関係者に対する事業譲渡における第2次納税義務

　（2）無償または著しい低額により財産を譲り受けた場合等における第2次納税義務

　会社分割方式（株式交付型）を行った場合には、分割法人が分割承継法人株式を取得することから、一時的とはいえ、事業を移転した時に分割法人が分割承継法人の発行済株式総数の相当程度を取得することにより、分割法人と分割承継法人が特殊な関係のある同族会社に該当してしまい（国徴令13）、上記（1）の第2次納税義務が課されることがあります。

　無対価分割を行った場合において、分割法人が分割承継法人株式を保有していないときは、分割型分割に該当します（法法2十二の九ロ）。そして、分割型分割に該当した場合には、分割法人の租税債務に係る連帯納付責任が、分割法人から承継した財産の価額を限度として、分割承継法人に対して課されています（国通法9の2、地法10の3）。そのため、会社分割方式（現金交付型）の変形バージョンとして無対価分割を行った場合には、連帯納付責任を負うという問題が生じます。

第8節

　株式交換を行った場合において、特定役員引継要件を満たすためには、株式交換前の株式交換完全子法人の特定役員のすべてが株式交換に伴って退任するものでないことが必要になります（法令4の3⑳二）。すなわち、株式交換完全子法人の特定役員が3名である場合には、そのうち2名が退任したとしても、1名が残っているのであれば、特定役員引継要件を満たすことができます。

　服部商事の事案では、小室商事の株主に残ってもらいたいと思っています。多くの場合において、小室商事の役員にも残ってもらいたいと思っているはずです。そのため、小室商事の特定役員1名以上を残すことにより、特定役員引継要件を満たすことができます。

　なお、この場合における「特定役員」とは、社長、副社長、代表取締役、代表執行役、専務取締役もしくは常務取締役またはこれらに準ずる者で法人の経営に従事している者をいいます。

第9節

　剰余金の配当を行う場合には、徴収された源泉所得税の全額に対して所得税額控除を適用できるのか、受取配当金の全額に対して受取配当等の益金不算入が適用できるのかを検討する必要があります。ただし、本章第2節で解説したように、配当等の支払に係る基準日において、株式移転完全親法人が株式移転完全子法人の発行済株式総数の3分の1を超える数の株式を保有していることにより源泉所得税が課されないため、所得税額控除の検討を行う必要はありません。

　これに対し、受取配当等の益金不算入については、株式移転前に株式移転完全子法人の発行済株式の全部を保有する支配株主がいる場合には、特例が認められており、完全子法人株式等として、受取配当等の益金不算入の対象にすることができます（法令22の2①括弧書）。

　しかし、この特例は、株式移転前に、株式移転完全子法人の発行済株式の全部を保有する支配株主がいる場合に限定されているため、株式移転完全子法人に親族以外の少数株主がいる場合には適用できないという点に注意しましょう。

第10節

　被合併法人に繰越欠損金がない場合には、吸収合併ではなく、事業譲渡または非適格分割により統合するというやり方があります。すなわち、被合併法人から合併法人に対して事業譲渡または非適格分割により事業を移転すれば、適格合併には該当しないので、繰越

欠損金の使用制限は課されません。

　なお、被合併法人と合併法人との間で完全支配関係が成立している場合には、非適格合併により統合したとしても、繰越欠損金の使用制限が課されてしまうので（法法57④）、事業譲渡または非適格分割により統合する必要があるという点に注意しましょう。

第11節

　国税庁HP文書回答事例「三社合併における適格判定について」では、3社合併が行われた場合には、個々の合併ごとに税制適格要件の判定を行うことが明らかにされています。これは、吸収型再編である吸収分割または株式交換を行った場合にも同様に解されます。

　そのため、一方の法人からの吸収分割は支配関係内の適格分割の検討を行い、他方の法人からの吸収分割は共同事業を行うための適格分割の検討を行います。

第12節

　スクイーズアウトに先立って、資産管理会社と事業会社の合併を行えば、スクイーズアウトの直前に資産管理会社に従業者および事業が存在することから、従業者従事要件および事業継続要件を満たすことができます。

第2章

第1節

　相続税評価額で相続人に被買収会社株式を生前贈与した後に、相続人が被買収会社株式を譲渡するという手法が考えられます。この事案だと、5,000百万円の譲渡代金を得ているにもかかわらず、贈与税の課税標準が500百万円になるからです。

　しかし、この手法は、相続税および贈与税の税負担を減少させる意図が明確であるといえます。そして、経営者ではない相続人に被買収会社株式を生前贈与したことにより、買収会社との株式譲渡契約の相手先が経営者ではない相続人になってしまい、経済合理性も認められません。そのため、租税回避にあたり、相続税評価額を5,000百万円として贈与税を支払うべきであるという否認がなされる可能性があります。

　株式譲渡方式を採用したとしても、被買収会社の株主において課税されないため、課税関係は以下のように変わります。

(イ)被買収会社側の税負担

	株式譲渡方式	事業譲渡方式
被買収会社	株主が変わるだけなので、課税関係は発生しません。	事業譲渡益が6,000百万円発生します。 ⇒実効税率が30％なので、税負担は以下のとおりです。 　6,000百万円×30％＝1,800百万円
被買収会社の株主	株式譲渡益に対して課税されません。	受取配当等の益金不算入により課税されません。
合　計	税負担　　0百万円	税負担　1,800百万円

(ロ)買収会社側の税負担

	株式譲渡方式	事業譲渡方式
買収会社	単なる株式の取得なので、課税関係は発生しません。	
事業譲受法人		資産調整勘定6,000百万円を認識したことにより、将来の課税負担が圧縮されます。 ⇒実効税率が30％なので、税負担の軽減は以下のとおりです。 　△6,000百万円×30％＝△1,800百万円
合　計	税負担　　0百万円	税負担　△1,800百万円

(ハ)合　計

	株式譲渡方式	事業譲渡方式	有利不利判定
被買収会社側	0百万円	1,800百万円	株式譲渡方式が有利
買収会社側	0百万円	△1,800百万円	事業譲渡方式が有利
合　計	0百万円	0百万円	有利不利なし

　このように、被買収会社側では、株式譲渡方式のほうが有利であり、ストラクチャー全体では有利不利がないことが分かります。

　このような場合には、事務負担のかかる事業譲渡方式や会社分割方式を提案しにくいので、株式譲渡方式を採用せざるを得ません。

第3節

　平成22年度税制改正により導入されたグループ法人税制により、完全支配関係のある内国法人に対して債権放棄を行った場合には、一方の法人で寄附金が損金の額に算入されず、他方の法人でも受贈益が益金の額に算入されないことになりました。ただし、法人税基本通達9-4-1または9-4-2の要件を満たす場合には、一方の法人で債権放棄損が損金の額に算入されるため、他方の法人でも債務免除益が益金の額に算入されます（法基通4-2-5）。

　すなわち、被買収会社の株主において債権放棄が寄附金として取り扱われたとしても、被買収会社において受贈益が益金の額に算入されないため、繰越欠損金を残したうえで、被買収会社を売却することが可能になります。

　さらに、被買収会社の株主において債権放棄が寄附金として取り扱われたとしても、寄附修正事由に該当するため、第三者割当増資と同様に、被買収会社株式の帳簿価額が引き上げられます（法令119の3⑨、9七）。そのため、被買収会社の株主において、被買収会社株式を譲渡する段階で、債権放棄を行った金額を株式譲渡損として損金の額に算入させることが可能になります。

【被買収会社の株主における仕訳】
① 寄附金の損金不算入
　　（寄附金）　　　　　　×××　　　　　　　　（貸付金）　　　　　　×××
② 寄附修正事由
　　（被買収会社株式）　×××　　　　　　　　（利益積立金額）　　×××

　しかしながら、債権放棄による債務超過の解消が「経営権の譲渡」に該当することを理由として、積極的に法人税基本通達9-4-1の要件を満たすものと認定された場合には、被買収会社の株主において債権放棄損失を損金の額に算入し、被買収会社において債務免除益を益金の額に算入すべきであると認定される可能性もあるため、注意しましょう。

第4節

　第6号様式別表2「控除対象通算適用前欠損調整額の控除明細書」、第6号様式別表2の2「控除対象合併等前欠損調整額の控除明細書」、第6号様式別表2の3「控除対象通算対象所得調整額の控除明細書」、第6号様式別表2の4「控除対象配賦欠損調整額の控除明細書」をそれぞれ確認する必要があります。

　具体的なフォーマットは、東京都主税局のHPをご参照ください。

第5節

　M&A対象外の事業を簿価で切り離してから株式を譲渡する手法は、分割型分割により、被買収会社（分割法人）の株式価値が減少するのに対し、M&A対象外の事業を時価で切り離してから株式を譲渡する手法は、被買収会社から事業譲渡または分社型分割により受皿会社にM&A対象外の事業が移転し、M&A対象外の事業に見合う譲渡代金が被買収会社に入金されるため、被買収会社の株式価値は減少しません。

　株式譲渡損益の計算は、譲渡収入と譲渡原価で計算します。そして、M&A対象外の事業を簿価で切り離してから株式を譲渡する手法のほうが、M&A対象外の事業を時価で切り離してから株式を譲渡する手法に比べて、譲渡収入の金額が小さいことから、被買収会社株式に多額の含み益がある場合には、M&A対象外の事業を簿価で切り離してから株式を譲渡する手法を採用したほうが有利になりやすいといえます。

　なお、これに対し、本節で解説したように、被買収会社の株主が法人である場合において、被買収会社株式の帳簿価額が大きいときに、M&A対象外の事業を簿価で切り離してから株式を譲渡する手法を採用してしまうと、譲渡原価が小さくなってしまいます。このような場合には、M&A対象外の事業を時価で切り離してから株式を譲渡する手法を採用したほうが、株式譲渡損失が大きくなりやすく、有利になりやすいといえます。

第6節

　自己株式の公開買付けによる手法は、市場外の取引なので、金融商品取引所の開設する市場で買い取った場合には該当しません。そのため、原則として、みなし配当を認識する必要があります。

　これに対し、ToSTNeT市場は、金融商品取引所が開設する市場であることから、ToSTNeTを利用した自己株式の取得に対しては、みなし配当を認識することができません（東京国税不服審判所平成24年5月25日裁決TAINSコードF0-2-494参照）。

第7節

　みなし共同事業要件における「特定役員」は、支配関係発生日前の役員等に限定されています。そのため、支配関係発生日以後に特定役員を送り込んでも特定役員引継要件を満たすことができないことから、支配関係発生日前に特定役員を送り込むことが考えられます。このような手法を採用した場合には、形式的には特定役員引継要件を満たすことができますが、租税回避に該当する可能性があります。

　この点について争われたのが、ヤフー事件（最一小判平成28年2月29日TAINSコードZ266-

12813）です。ヤフー事件のように、企業買収を行う場合において、支配関係発生日前に特定役員を送り込むことは稀であることから、包括的租税回避防止規定が適用されるのはやむを得ないと思われます。

　しかし、実務上、経営不振に陥っている法人を支援するために買収する場合のように、事前に特定役員を送り込み、ある程度、経営改善の見込みができてから、当該法人の株式を取得するということも行われています。もし、特定役員を送り込むという行為について、事業目的が税目的を上回っていると認められる場合には、包括的租税回避防止規定を適用することは困難であると思われます。

第8節

　財務省主税局で法人税法の立案に関与されていた朝長英樹氏、佐々木浩氏によると、組織再編税制ができた平成13年当時は、欠損金の繰越期間が5年であったことから、長年にわたって支配関係がある法人については繰越欠損金の引継制限、使用制限、特定資産譲渡等損失額の損金不算入を課さなくてよいとの考え方における「長年」という基準が「5年」になったと説明されています（佐々木浩（発言）仲谷修ほか『企業組織再編税制及びグループ法人税制の現状と今後の展望』59頁（大蔵財務協会、平成24年）、朝長英樹『現代税制の現状と課題　組織再編成税制編』40（注18）、42頁（新日本法規、平成29年））。

　そのため、5年待ってから適格合併により繰越欠損金を引き継いだ場合には、包括的租税回避防止規定（法法132の2）が適用される可能性があると思われます。

　そして、欠損等法人においても同様に、5年待ってから事業の開始等をした場合には、同族会社等の行為計算の否認（法法132）が適用される可能性があると思われます。

■著者紹介─────────────────────────────

佐藤 信祐（さとう・しんすけ）

　公認会計士・税理士・博士（法学）

　平成11年　朝日監査法人（現有限責任あずさ監査法人）入社

　平成13年　勝島敏明税理士事務所（現デロイトトーマツ税理士法人）入所

　平成17年　公認会計士・税理士佐藤信祐事務所を開業、現在に至る。

　平成29年　慶應義塾大学大学院法学研究科後期博士課程修了（博士（法学））

新版 サクサクわかる！ M&Aの税務

2024年6月7日　発行

著　者　　佐藤 信祐 ©

発行者　　小泉 定裕

発行所　　株式会社 清文社
　　　　　　　　東京都文京区小石川１丁目３－25（小石川大国ビル）
　　　　　　　　〒112-0002　電話03（4332）1375　FAX 03（4332）1376
　　　　　　　　大阪市北区天神橋２丁目北２－６（大和南森町ビル）
　　　　　　　　〒530-0041　電話06（6135）4050　FAX 06（6135）4059
　　　　　　　　URL https://www.skattsei.co.jp/

印刷：大村印刷㈱

ISBN978-4-433-71104-7